AF367764

LE MINISTERE VICTORIEVX DE L'ENVIE.

Par M^r DV FAVR, Predicateur du Roy.

A PARIS,

Chez SEBASTIEN CRAMOISY, Imprimeur ordinaire du Roy, & de la Reyne.

Et GABRIEL CRAMOISY, ruë S. Iacques, aux Cicognes.

M. DC. LIII.

AVEC PRIVILEGE DV ROY.

PREFACE

LE Cardinal Mazarin a esté la matiere d'vn grand nombre de libelles, & le pretexte de beaucoup de troubles: la calomnie écriuoit contre sa reputation, tandis que la fureur armoit contre sa personne.

La methode que ie tiens pour le iustifier, est contraire à celle qu'on a tenuë pour le noircir; l'escris en esprit de paix, contre ce qui a esté dicté par celuy de diuision; defendant l'innocence, ie n'offense pas mesme sa partie : mon ouurage ne me fera point d'enuieux, encore moins d'ennemis.

J'ay horreur de la faction, sans entrer en connoissance des factieux ; ie m'en prens aux actions, sans toucher aux personnes;

ã ij

PREFACE.

& fais des procez, sans faire des informations ; mon dessein est de tout reconcilier, & de ne rien aigrir ; i'agis auec cha-
leur pour la iustice, & auec retenuë
contre la defection.

Mais pour vser de tant de reserue, ie
n'apporte pas moins de fidelité ; marquant
également & ce qu'a dit la calomnie contre ce grand Ministre, & ce qu'a fait la
vertu par cét incomparable Ministere ;
sans estre flateur, i'admire celle-cy ; sans
faire le censeur, ie blasme l'autre ; & faisant en quelque façon l'office de Iuge, ie
rends iustice à toutes les deux ; ou ie ne
m'instruis, que sur ce que ie vois ; & où
ie n'ay de témoins que mes yeux ; ie puis
adiouster foy à leur rapport, car l'esperance ne m'a point ébloüy, & la passion
ne m'a point aueuglé ; Ie suis peu delicat,
mais ie ne suis pas lasche ; & pour trouuer la verité, i'ay suiuy mon humeur, sans
chercher mon interest.

LE

LE
MINISTERE
VICTORIEVX
DE L'ENVIE.

SI nous auons esté iusques à present dans le silence, c'est que nous auons tousiours esté dans l'orage: l'excés d'vn commun malheur nous auoit reduit dans l'impuissance de faire des discours en faueur de l'innocence combattuë, & ne nous donnoient que la liberté de faire des vœux pour le succés de ses desseins. Le temps de la tempeste n'est pas celuy de parler aux hommes, lors que la passion & le trouble les empeschent d'écouter la raison : mais Dieu qui nous donne en ce temps le mouuement de le prier, nonobstant la

bruit de la tourmente, ne perd iamais le pouuoir, non plus que la bonté, de nous entendre. La tristesse assoupit quelquefois nos
sens, mais elle réueille tousiours nostre pieté,
& nous ostant l'vsage de la parole, nous laisse
le sentiment de la religion.

Ce grand orage estoit vn grand theatre, où
l'on disputoit à vne Reyne incomparable, la
plus grande partie de son autorité, où l'on
contestoit à vn ieune Monarque les plus beaux
droits de sa Couronne, & où l'on rauissoit à
vn Estat victorieux l'esperance d'vne paix si
long-temps attenduë, & le fruict de tant de
guerres si iustement entreprises & si heureu-
sement poursuiuies. De tous ces attentats, le
Ministere d'vn sage Cardinal n'en estoit qu'vn
mauuais pretexte ; mais l'ambition de quelques particuliers, & l'aueuglement de tous les
autres en general en estoient la veritable cause.
Ce digne Prince de l'Eglise aprés auoir esté
l'instrument de nos plus belles victoires, est
deuenu l'obiect de leurs haines les plus iniu-
stes : ils ont commencé de le haïr, lors qu'ils
auoient plus d'obligation de l'aimer, & pour
mieux imprimer cette auersion dans leurs
cœurs, ils ont auparauant arraché la raison de

leurs efprits , ils s'en font priuez , de crainte d'en eftre cenfurez; & pour eftre fans honte, ils ont voulu eftre fans iugement. Falloit-il ruiner tant de prouinces, & n'en vouloir qu'à vn feul homme ? ils ont facrifié vn million de teftes pour ne faire qu'vne victime, renouuellant contre vn innocent (qui pourtant a euité leur colere) la mefme barbarie qu'exerça iadis Herode contre l'Innocence mefme , qui ne laiffa pas d'échapper à fa rage. On euft iugé par les difcours de ce Tyran qui reffemblent à leurs manifeftes, qu'il ne vouloit eftre le parricide que d'vn feul innocent ; & on connut bien par fes effects, qui font à peu prés comme les leurs, qu'il fut le bourreau de tous: fous ombre de fe défaire d'vn Riual, il enfanglanta tout vn Eftat;ces reffentimens que nous auons veus, fembloient fe borner à vne feule perfonne, & ils fe font eftédus iufques aux plus reculées extremitez de tout vn Royaume. Le Cardinal eft tellement ioint d'honneur & d'intereft auec toute la France, qu'on ne pouuoit faire femblant d'attaquer l'vn, qu'on ne fift feigner l'autre : comme il fe voit dans ces corps bien compofez;lors qu'vne des principales parties eft attaquée, toutes les autres fouffrent, &

comme elles prennent part à ſes aiſes, elles ſe
chargent auſſi de ſes maux. Le meſme rapport eſtoit depuis long-temps entre le Cardinal & la France ; aprés auoir ioüy ſi paiſi-
blement des fruits de ſes ſeruices , elle s'eſt
veuë tout à coup couuerte des armes de ſes
ennemis : Mais aller contre leurs deportemens
eſt aller contre mon deſſein ; ie ne pretens
que iuſtifier la conduite de ce grand Cardinal , & non pas de blaſmer celle de ſes ennemis : il en defend luy meſme l'exagera-
tion pour marque de ſa modeſtie, & en ſou-
haitte l'oubly pour la conſeruation de leur
honneur. Il aime mieux qu'on taiſe ſes vertus, ſi l'on ne peut pas autrement taire leurs
defauts ; pour leur faire grace, il ſe fait iniuſtice ; & pour épargner leur honte , il cache
l'éclat de ſon merite. Ie ne fais qu'appuyer
ſon innocence contre l'atrocité de leurs libelles, aprés que Dieu a conſerué ſi ſouuent ſa
vie, contre la violence de leurs armes.

Tellement que cette Apologie n'eſt pas
tant vn acte de iuſtice , qu'vn acte de religion, où ie ne m'intereſſe que pour celuy que
Dieu protege ; c'eſt vne impieté , que de n'i-
miter point la Diuinité ; & c'eſt vne iniuſtice,

que de ne defendre pas l'innocence. Dieu
veut en cette rencontre que ie l'imite, & l'innocence veut que ie la defende ; ie ne puis
ny ne veux m'en difpenfer, il me faut obeïr à
l'vn, & acquiefcer à l'autre.

Quand on blafmera mon deffein, on ne fur-
prendra pas mon efprit, qui s'attend d'auoir
du moins autant de Cenfeurs de fon ouurage, que celuy qui eft à prefent le fubiet de
ma plume, a eu d'enuieux de fa fortune. Pleuft
à Dieu que ie fceuffe auffi bien l'art de refuter mes Cenfeurs , qu'il fçait celuy de
vaincre fes ennemis , & que mon eloquence
egalaft fa generofité ! On me reprochera que
parlant d'vn Miniftre d'Eftat, ie loüe fa conduite fans auoir iamais approché fa perfonne, qui eft vne temerité ridicule, dira-t'on; que
me meflant de fes affaires, i'en exagere le progrez , fans en fçauoir le fecret, qui eft vne
haute ignorance; & que plaidant fa caufe i'en
affeure le bon droiĉt, & en ignore la queftion,
qui eft vne entreprife fort indifcrette. I'ad-
uoüe que ie n'ay iamais approché la perfonne
de ce fage Miniftre, que i'ignore le fecret de fes
affaires, & que mefme ie n'ay iamais eu l'occafion de m'informer beaucoup du fonds de

A iij

fa caufe. Si ie parle de fon merite, ce n'eſt pas meſme ſur la foy de ſa renommée, mais ſur la conſideration de ſa conſtance : ie ne puis pas dire s'il eſt prudent dans le Cabinet ; mais ie ſçay bien auec tout le monde qu'il eſt ineſbranlable dans le champ de bataille : i'ignore s'il eſt ſubtil en ſecret, mais ie puis bien aſſeurer qu'il ne plie iamais en public : les prodigieuſes tempeſtes qui ont aſſiegé ſa perſonne, ſont les ſeuls memoires ſur leſquels i'ay dreſſé ſon Apologie : i'ay leu ſur la fermeté de ſon courage l'innocence de ſa vie ; & d'vne conſtance ſans exemple, i'en ay inferé vne conduite ſans reproche : Ie n'ay pû compter toutes ſes perſecutions, ſans faire le dénombrement de toutes ſes vertus. Lors que le ſainct Eſprit voulut informer ſes Prophetes du merite de leur Meſſie, il ne le fit pas voir dans le ſecret de ſa demeure, mais au fort de ſa ſouffrance ; pour leur en donner bonne opinion, il ne leur monſtra que ſa croix : ils n'eurent pas pluſtoſt conſideré la quantité de ſes aduerſaires, qu'ils publierent celle de ſes perfections ; que ſes victoires mettroient les vns dans le tombeau, & eſleueroient les autres ſur le throſne ;

que l'asseurance qu'il en donne est la contra-diction qu'il souffre.

La Reyne de Carthage dans le Poëte n'as-sure pas la diuinité du Prince de Troye, pour auoir connu sa parenté ; mais pour auoir veu sa constance : elle ne fut point charmée par sa bonne mine, mais par sa mauuaise fortune ; son courage & sa fermeté à mépri-ser les hazards, estoient ses attraits , & ses charmes pour gagner les cœurs ; & l'Afrique ne luy donna rang parmi les Dieux, que par-ce que sa vertu le mettoit au dessus des hom-mes.

Ie fais le mesme iugement de nostre Car-dinal, que firent autrefois les Prophetes de leur Messie, & vne Reyne de son Prince : ie le tiens incomparable , non pas tant par le succés de ses affaires, que par le nombre de ses persecutions ; ie ne le cognois point à ses entretiens, mais à ses dangers : ses enuieux pensant l'esbranler , l'ont affermy ; en effet son grand éclat ne vient que de leur mau-uaise humeur , qui donnant de l'exercice à sa fortune , a donné matiere à ses vertus.

Est-ce pour la perfection des grandes affai-res seulement, que Dieu fait naistre les grands hommes; ou pluſtoſt, n'eſt-ce pas pour la gloire des grands hommes, que Dieu ſuſcite les grandes affaires? Ie ne ſçay quels des deux ſont les premiers dans ſon deſſein, mais du moins ſuis-ie bien aſſuré qu'ils ne vont iamais les vns ſans les autres en ce monde. Les affaires d'importance ſont des monſtres d'im-perfection, ſi ces perſonnages de haut me-rite ne les manient, & ils ne ſont eux-meſ-mes que des monſtres d'oiſiueté, ſi les affai-res de conſequence ne les exercent. Vn grand eſprit eſt vn beau feu, mais qui meurt lors qu'il manque de matiere pour s'entrete-nir ; & vne grande affaire eſt vne belle matiere, mais qui ſe pourrit, ſi on l'oſte du feu qui la fait luire.

Les vertus éclatantes ne ſubſiſtent que dans les occaſions glorieuſes , & le merite eſt dans le tombeau dés qu'il n'eſt plus ſur le theatre, puiſqu'il y a peu de difference d'v-ne vertu cachée auec vne oiſiueté enſeuelie; mais ce n'eſt pas tout d'vnir les affaires aux hommes, il les faut meſurer; ce n'eſt pas aſ-ſez qu'il y ait de la liaiſon, il faut qu'il y ait de la conformité, & on doit touſiours pro-portionner la capacité des vns à l'importan-ce des autres.   Les

Les Romains ne procedoient iamais à l’é-
lection de leurs Magiftrats , qu’aprés auoir
deliberé fur l’eftat de leurs affaires. Si le temps
eftoit calme, ils permettoient à l’amitié & au
fang de les élire. Mais s’il eftoit broüillé, il n’y
auoit que la vertu qui euft droit de les faire; a-
lors ils eftoient auffi referuez à creer vn Conful,
qu’à donner vne bataille, & ils n’apportoient
pas moins de prudence au lieu de l’élection
qu’à celuy du combat : car de la precaution
qu’ils auoient dans l’vn, dépendoit le bonheur
qu’ils efperoient de l’autre. De mefme il y doit
bien auoir de la difference de nos Miniftres d’E-
ftat qu’on choifit en temps de guerre , & de
ceux qui fe font en temps de paix ; en celuy-
cy la faueur les peut appeller , durant l’autre
c’eft feulement le merite qui les nomme.

C’eft par la pratique de cette belle maxi-
xime, que Louys le Iufte couronna les derniers momens de fa vie triomphante. La ma-
ladie qui l’auoit mis en eftat de ne pouuoir
plus donner des marques de fa valeur, ne peut
pourtant l’empefcher d’en donner de fa prudence , lors qu’il appella fi folemnellement
le Cardinal Mazarin au maniment des affaires aprés fa mort , qu’il auoit déia recon-

nu ſi neceſſaire au progrez de ſes victoires durant ſa vie. Il s'eſtoit autresfois ſi bien trouué de ſon Miniſtere hors de l'Eſtat , pour y
ménager ſes intereſts parmy les eſtrangers,
qu'il veut que deſormais ce meſme Miniſtere
ſerue à ſon fils dans le cœur de l'Eſtat, pour
affermir ſon autorité parmy ſes ſuiets. Laiſ-
ſant à vn Royaume plein d'affaires vn eſprit
infatigable pour les débroüiller ; à vn
Roy ieune d'années, vn homme plein d'experience pour ſuppléer au defaut de ſon âge;
& à vne Reyne dont le courage ſe ſentoit
abbatu par les ennuis , vn Miniſtre genereux qui fortifieroit ſes reſolutions par ſes
conſeils.

Le Roy partagea ce rare eſprit entre ces
trois obiets de ſon affection , deſtinant ſes
ſoins pour ſon Eſtat, ſes inſtructions pour
ſon fils , ſes conſeils pour ſon épouſe. Son
Eſtat eſtoit malade, & il auoit beſoin d'eſtre
ſoigné par cét Agent incomparable ; ſon fils
eſtoit ieune , & il falloit qu'il fuſt inſtruit
par ce genereux Intendant de ſon education;
& ſon épouſe alloit eſtre vefue, & partant qui ne pouuoit ſe paſſer des importans
aduis d'vn ſi digne chef de ſon Conſeil. Il

fe trouua dans l'efprit d'vn grand homme tout ce qu'il falloit pour fubuenir à tous les befoins d'vn grand Royaume.

Le feu Roy qui voyoit que la minorité de fon fils ne fe pafferoit iamais fans de tres-dangereufes trauerfes, donne ordre qu'elle ne fuft pas auffi fans de tres-puiffans appuis. Il voyoit bien la difference qu'il y auoit, de la minorité de fon fils auec la fienne qui fe rencontra dans la paix & dans l'abondance; au lieu que fon fils ne trouue dans fa minorité, que les defordres qui ont banny la paix, & les profufions qui ont épuifé l'abondance. A la minorité du feu Roy, tous les Monarques eftrangers deputerent leurs Ambaffadeurs pour honorer les funerailles de fon pere: mais à celle de fon fils ils n'ont tous enuoyé que leurs armées, pour faire les obfeques de fon Royaume. Ils parurent alors comme des pitoyables amis qui nous apportoient leurs larmes; & ils ont paru depuis comme des beftes feroces, qui vouloient boire noftre fang.

Reprefentez vous donc Louys le Iufte dans les derniers momens de fa vie, & dans les plus grandes marques de fa prudence, pefer

dans vne mesme balance l'esprit de son Cardinal, & la minorité de son fils; les grands
conseils de l'vn , & les prodigieuses affaires
de l'autre : qui voit comme ils ont vn parfait
rapport , & admire comme ils sont de mesme poids.

Le Cardinal n'a esté consacré au seruice de
la minorité, qu'aprés auoir esté pesé dans la
balance de la Iustice; il n'a esté appellé qu'a-
prés auoir esté iugé : & ce rigoureux exa-
men où on l'a reconnu, a precedé tant d'honneurs dont on l'a gratifié.

Vous le sçauez, grands Princes, qui don-
nastes des loüanges si iustes au choix que le
Roy fit de sa personne, & prestates vn consen-
tement si authentique à l'agréement que la
Reyne fit de son seruice:les Parlemens approu-
uerent vos inclinations ; le peuple suiuit vos
pensées : & celuy-cy estoit fort esloigné de
faire des sousleuemens, l'autre de donner des
Arrests,comme vous de prendre les armes,
pour destruire le choix d'vn Roy, & choquer
les volontez d'vne Reyne. Vous accuserez vous
vous mesmes d'auoir mal iugé , comme peut-
estre vous accusez le feu Roy d'auoir mal choi-
si ? Mais permettez moy de vous defendre

contre vous, & d'eftre voftre Aduocat en vne caufe où vous eftes vos parties. Ie vous declare innocens pour le mefme fuiet, pour lequel vous vous eftes declarez criminels. Ie ne puis iuftifier le Cardinal dans la conduite qu'il a euë, que ie ne iuftifie les Princes dans le iugement qu'ils en ont fait.

Ces infames faifeurs de libelles, non point par amour qu'ils portent à la memoire du Cardinal de Richelieu ; mais pouffez de la haine qu'ils ont conceuë contre le Cardinal Mazarin : pour auilir le Miniftere de celuy qui nous refte, releuent toufiours la prudence de l'autre qui n'eft plus.

C'eft le propre de l'enuie de loüer la vertu lors qu'elle eft gifante dans le tombeau , & la perfecuter tandis qu'elle eft affife fur le throfne: elle luy donne des eloges lors qu'elle eft dans l'impuiffance de s'en aduantager, & les luy refufe lors qu'elle eft en eftat de les receuoir. La feule année de 1626. produifit plus de libelles diffamatoires contre le Cardinal de Richelieu, que quatre années n'en ont fait naiftre contre le Cardinal Mazarin: l'enuie n'a fait paix auec l'autre qu'aprés fa mort ; elle reffemble bien aux Corbeaux quant à la cou-

leur , mais non pas quant à l'inclination : car
elle n'aime pas à se repaistre dans les ceme-
tieres, mais dans les Palais ; elle ne deuore pas
les morts, mais elle déchire les grands. Il est
vray que tousiours elle déterre les morts,
mais pour les comparer malicieusement aux
viuans ; fait honneur à ceux qui n'ont plus
de vie, pour ternir la vie de ceux qui sont en
honneur.

Puisque nous sommes tombez sur cette matiere, contraignons l'enuie de s'en taire , &
obligeons la verité d'en parler. La comparai-
son de ces deux illustres est malicieuse dans
la bouche de l'enuie , elle sera tres-raisonna-
ble dans celle de la verité : L'vn a eu tous les
auantages de la fortune , & l'autre ceux de la
vertu. Le Cardinal de Richelieu n'a rencon-
tré que des obstacles tres-foibles qui se sont
presentez à sa faueur : le Cardinal Mazarin
a trouué des contradictions presque insoûte-
nables qui ont choqué son courage. L'vn
auoit l'autorité d'vn Roy maieur sans partage, & ioüissoit de tous les droits de sa Couronne presque sans reserue , & ainsi les Parlemens n'estoient ny en possession, ny en pouuoir de le contredire ; les Princes estoient

dans l'impuiſſance de le contrarier, les grands reduits dans la neceſſité de l'honorer , & les peuples qui reſpeĉtent vn Roy pourueu qu'il parle, n'oſent s'eſleuer contre celuy qu'il autoriſe, tant la maiorité ſe fait reſpeĉter, auſſi bien en ſa perſonne qu'en ſa creature.

L'autre ne pouuoit auoir qu'vn Miniſtere tres-foible, ſous vne minorité ſi peu abſoluë; dont vne Reyne eſt Regente par la qualité de Mere , dont les Princes ſont Lieutenans par le droit de leur naiſſance , dont les Parlemens pretendent eſtre les tuteurs par le titre de leurs charges , & dont les peuples s'imaginent deuoir eſtre les cenſeurs par l'inſolence de leur humeur , qui leur perſuade ſouuent que la minorité des Roys eſt la feſte des Bacchanales, qui durant vn certain temps donne droit aux valets de faire les maiſtres, & oblige les ſeigneurs de ſouffrir tout de leurs eſclaues.

Lors que les vagues de l'orage s'eſleuent contre vn Miniſtre , il n'a qu'à leur oppoſer la preſence d'vn Roy maieur, & elles vont ſe briſer aux pieds de ſa Maieſté , bien loin d'aller fondre ſur le chef de ſon Conſeil. Mais vn Roy mineur n'a pas touſiours les bras

aſſez roides, pour arreſter le cours des tor-
rents qui enleuent ce qu'il embraſſe ; ny le
pouuoir aſſez grand, pour rechaſſer la tempeſte
qui engloutit ce qu'il aime ; ny les poulmons
aſſez forts, pour relancer le ſouffle des vents
qui malgré luy renuerſent tout ce qu'il appuie.

Vn Roy dans la maiorité eſt vn Soleil dans
ſon midy, deuant lequel les nuages les plus
eſpais ſe diſſipent ; & vn Roy mineur eſt vn
Soleil leuant, à qui les plus foibles exhalai-
ſons meſme reſiſtent.

Quel bon-heur au Cardinal de Richelieu,
d'eſtre venu au Gouuernement d'vn Eſtat
où toutes les Finances eſtoient remplies, où
tous les Gentils-hommes eſtoient riches, où
toutes les villes eſtoient opulentes, où toutes les campagnes eſtoient cultiuées, & où
toutes les familles eſtoient heureuſes!

On ſçait bien que la France auoit dé-ia
changé de face, lors qu'elle changea de Miniſtre, & que le Cardinal Mazarin n'a trouué
que la diſette dans les prouinces, la deſolation dans les villes, les pleurs dans les familles, & la pauureté dans les Finances: les Gentils-hommes y eſtoient fort rares, & le peuple fort éclaircy ; le malheur du temps auoit
conſom-

confommé toute noftre opulence , & la
continuation des guerres auoit fait eclipfer
toutes nos ioyes. Il eft vray, me dira-t'on, que
nos triomphes nous confoloient de nos pertes ; & que l'obiet de nos conqueftes nous
oftoit le fouuenir de nos maux ; que la
France fe voyant fi fort accruë , fe foucioit
fort peu d'auoir efté fi affligée. Puifqu'on
loüe le Cardinal de Richelieu pour auoir
dans vne fi grande abondance fait de fi grandes chofes ; qu'on admire donc le Cardinal
Mazarin, qui de quelques malheureux reftes de
cette abondance, en a fait tant de miracles,
& n'ayant pas eu les auantages que fon pre-
deceffeur auoit trouuez, il a toutefois enche-
ry pardeffus les conqueftes qu'il a faites ; il
n'a pas eu fes aydes, & a furpaffé fes efforts;
& a plus fait de noftre foibleffe, que l'autre
n'a fait de nos forces? Thionuille, Philifbourg,
Duncquerque , & tant d'autres places d'importance conquifes durant le Miniftere de
ce Cardinal, effacent, ou conteftent du moins
la gloire de tout ce qui s'eft paffé fous le
Miniftere de l'autre , qui auoit cét auantage
dans cette guerre, qu'il l'auoit entreprife par
fon propre mouuement , & que celuy-cy la

continuë par vne pure neceſſité : l'vn a trouué les moyens de la commencer, l'autre cherche les expediens pour la finir : l'vn nous a
fait entrer dans vn labyrinthe , l'autre nous
en doit trouuer l'iſſuë : mais en matiere d'affaires de cette importance , la difficulté ne
conſiſte pas à les ébaucher, mais à les termi-
ner ; l'entrepriſe n'en eſt pas faſcheuſe, c'eſt
la ſortie qui en eſt penible.

Quatre années s'eſtoient déia écoulées de
ſon Miniſtere & de nos proſperitez. Le Roy
ſe loüoit de la conduite de ſon Miniſtre, & la
France ſe felicitoit elle meſme de la continuation de ſes victoires, admirant que ſans rien
adiouſter à ſes maux, on adiouſtoit touſiours
à ſes conqueſtes; & qu'elle ſe voyoit à la veil-
le de bannir le malheur par le retour d'vne
paix glorieuſe, & couronner ſes victoires par
la fin d'vne ſi longue guerre.

Si ces quatre premieres années nous ont eſté
ſi glorieuſes par la vigilance de noſtre grand
Miniſtre, celles qui ont ſuccedé nous ont eſté
bien funeſtes par la violence de ſes ennemis.
Les autres nous auoient donné des victoires,
celles-cy nous en ont oſté le fruit : c'eſt aſſez
de plaindre ces malheurs, ſans en décrire l'ex-

cés ; il fuffit que Dieu fe foit ferui de l'efprit
de ces inconfiderez pour nous humilier à iamais, fans que nous employons le noftre
pour nous affliger dauantage. Souhaittons
à tous ces iours , ce que Iob fouhaittoit à
vne nuict, qu'elle reuinft dans le neant, ou du
moins qu'elle fuft enfeuelie dans l'oubly.

La fortune fe plaignoit à nos peuples, de
la violence que nous faifions à fes inclinations ; que nous l'obligions comme par force de nous eftre deformais contraire , aprés
nous auoir efté iufqu'à prefent fi fauora-
ble ; que les cours de nos diuifions empef-
choit la continuation de fes graces ; & que
le commencement de nos troubles eftoit la
fin de fes faueurs ; qu'elle n'auoit plus moyen
de nous aider, dans le deffein que nous for-
mions de nous détruire ; qu'elle ne peut
trauailler à nos profperitez, fi nous ne con-
tribuons à fes deffeins ; & qu'elle a beau
s'attacher à nos interefts, fi nous nous opi-
niaftrons à noftre perte. Ces raifons tirées d'v-
ne profonde & veritable politique, qui faifoit
voir qu'amenant dans le cœur de l'Eftat la
guerre ciuile, nous en banniffions pour iamais la bonne fortune , ne furent pas d'affez

puiſſans motifs pour arracher des mécon-
tentemens imaginaires de leurs cœurs, & oſter
d'iniuſtes armes de leurs mains.

Les Princes meſmes durant quelque temps
oppoſerent leur autorité & leur courage à
la boutade de ces mécontens, & ne les ayant
pû rendre capables de raiſon, les rendirent
ſuſceptibles de crainte. Dieu, que les ſouſleuemens ſont contagieux ! ces Princes genereux vinrent à imiter ceux qu'ils venoient
de vaincre, & aprés s'eſtre chargez de leurs
dépoüilles, ils ſe chargerent de leurs defauts ;
aprés auoir repris leur manquement, ils ont
pris leur humeur.

Il en eſt des ſouſleuemens qui ſe font contre l'Eſtat, comme des pechez qui ſe com-
mettent contre Dieu, lors qu'ils commencent par la partie inferieure, ils aboutiſſent
enfin à celle qui eſt ſuperieure. Ces deſordres aprés auoir croupi ſeulement parmi la
plus vile populace, s'eſleuerent peu à peu de
la boüe, & paruinrent imperceptiblement iuſques aux teſtes plus illuſtres, qui renoncerent
au nectar, pour s'enyurer de lie. Ie n'auray
iamais la hardieſſe de les blaſmer, mais ie
prens la liberté de les plaindre ; leur condi-

tion me defend de cenfurer leur conduite,
mais mon deuoir m'oblige de compatir à
leur malheur. Si i'eftois d'vne qualité à pouuoir faire des queftions à des Princes, & à de-
mander raifon de leurs actions : Pourquoy,
dirois-ie, blafmez vous le Cardinal vn mo-
ment aprés l'auoir loüé depuis tant d'années?
Pourquoy improuuer tout à coup fa conduite, aprés auoir & par vos armes, & par vos
difcours eftably fi folemnellement fa fortune?
I'aime mieux accufer le malheur du temps, que
l'efprit des Princes, imputer tout aux caprices de l'vn, & rien au changement des
autres : auffi bien ne fe font-ils meflez dans
ces affaires que par hazard, comme les autres par intereft : ils en eftoient efloignez,
& chacun le fçait, par leur propre inclination,
& ils n'y ont efté attirez que par vne fatale
contagion.

La caufe de tous ces maux eft auffi honteufe, que les effets ont efté funeftes ; l'auarice
de quelques particuliers les a enfantez, & l'infolence des guerres les a eftallez ; l'intereft
leur a donné vne honteufe naiffance, & la
fureur vn épouuentable progrés. La fufpen-
fion des gages de quelques particuliers pour

la subuention des affaires publiques a causé
tant de desordres , & le delay de quelques
payemens peu considerables a fait venir tous
ces orages : comme si la detention de nos
gages estoit vn crime qu'on ne peut expier que
par la desolation de tout vn Royaume. L'incommodité d'vne famille doit-elle appeller
la ruine d'vn Estat ? Ne valoit-il pas mieux
employer ces grands ressentimens pour em-
pescher les maux publics, que pour détourner les pertes particulieres ? auoir ce zele pour
la conseruation de nos frontieres , & pour
celle de nos priuileges; & non pas pour l'ac-
croissement de nos petites fortunes , & les
aises de nostre mesnage ?

C'est l'ordinaire des particuliers, de ne iuger
iamais des miseres d'vn Estat que par celles
de leur maison. Ils ne peuuent s'imaginer
que tout ne manque en l'vn, lors qu'il manque quelque chose en l'autre , & se figurent
qu'il y a du desordre par tout , lors qu'il y a
de l'incommodité chez eux. La reflexion que
fit autresfois Hannibal sur l'humeur des
Carthaginois , est celle que ie viens de faire
sur celle de nos peuples : ils virent le rase-
ment de leurs murailles sans murmurer, l'in-

̄cendie de leur flotte fans fe plaindre , &
l'aneantiffement de tous leurs priuileges
fans pleurer ; & ils ne peurent voir qu'on
oftaft quelque argent de leurs bourfes, qu'a-
uec des murmures indifcrets, qu'auec des
plaintes hors de temps , & auec des pleurs
fans raifon. Il valoit mieux, difoit ce grand
homme riant de leur fottife , & pleurant
leur malheur , verfer ces larmes au temps
qu'on dépeuploit voftre ville, que les garder
pour vne rencontre, où l'on ne touche qu'à
vos coffres. Vn petit tribut impofé fur les
particuliers fait plus de bruit, qu'vne grande
tourmente furuenuë dans les affaires publiques ne caufe de frayeur. Nos François auffi
bien que les Carthaginois ne fe font apper-
ceus que trop tard, que de fort legeres peines les auoient fait crier , & que de plus
grands malheurs les forceroient bien toft de
fe lamenter.

Ces libelles que compofoit alors la calomnie , contre la probité du Cardinal Mazarin,
n'eftoient que les prefages de tant de dégats,
que deuoit apporter la violence dans toutes
les contrées du Royaume. Nos médifances ont
attiré nos maux , & nous auons irrité le Ciel

pour auoir perfecuté l'innocence.

Ces vermines, dit-on, lezards, ferpens, chenilles, & autres infectes, qui fe forment dans nos campagnes, font tout autant d'auantcoureurs des dangereufes maladies qui vfent nos corps : quand ces venimeufes beftes naiffent en foule, ces maux furuiennent fans nombre. Qu'eftoient tous ces libelles remplis de fauffetez, que de petits monftres pleins de venin ; vilaines chenilles qu'on ne pouuoit toucher fans s'infecter ; & qui aprés auoir receu le poifon des mains de l'impofture, le portoit dans les oreilles de la credulité ? Ces petits infectes prefageoient nos grandes guerres ; le concours de ces beftes venimeufes dans toutes nos villes, eftoit vn augure certain de cét abord furieux de tant de foldats eftrangers, qui comme beftes carnacieres deuoient bien toft aprés s'efpandre par nos prouinces.

On dit qu'il n'y a rien de plus mortel à ces hideufes vermines dans leur naiffance, que l'afpect du Soleil dans fon renouueau, qui reçoiuent leur mort en receuant fa lumiere. Le Cardinal paroiffant auffi éclattant dans fon retour, que le Soleil l'eft dans fon renouueau,

nouueau, produira les mefmes effets contre ces vermiffeaux, que produit le Soleil fur des chenilles : ie leur fais trop d'honneur d'oppofer vn Soleil fi vigoureux à des infectes fi méprifables ; fans attendre fes rayons, ils fe font eux mefmes confondus dans leurs tenebres.

Ces libelles font fi mal faits, ces deffeins fi mal conceus, ces iniures fi mal exprimées, & toutes ces railleries ou extremément froides & fort groffieres ; que bien loin de laiffer de mauuaifes impreffions contre fa perfonne dans leurs efcrits, nous fommes obligez d'auoir bonne opinion de fon Miniftere aprés en auoir fait la lecture. Vn homme à qui fes ennemis ne fçauroient donner le moindre blafme, qu'en tombant en vne infinité de foibleffes, merite que tous les fages entreprenent de luy rendre l'honneur, lors que tous les fols pretendent le luy rauir.

Rondeaux & chanfons ont efté les fatyres les plus vigoureufes que l'impofture a déployées pour noircir vn Miniftere fi fage, & vne vie fi illuftre ; fur le rapport des chanfons, faut-il intenter des procez? & fur le confrontement des rondeaux, faut-il iuger des in-

D

nocents , & faut-il croire à l'extrauagance,
mefme lors qu'elle parle burlefque?

L'enuie dans cette occafion a voulu paroiftre
fort enioüée, & elle s'eft monftrée tres ridicule: il faut aduoüer qu'elle agiffoit en geant,
tant fes effets furent terribles , mais elle parloit en enfant, tant fes difcours eftoient dé-
raifonnables. Tous ces médifans n'auoient
point d'autre mouuement que celuy de leur
enuie , ny d'autre langage que celuy de leur
nourrice : à lire leurs efcrits , ie ne les
euffe iamais pris que pour des petits enfans;
mais à voir les chaftimens, que Dieu leur
a fait porter, ie iuge que c'eftoient de grands
criminels.

L'hiftoire fainĉte nous témoigne que les
enfans outragerent la perfonne d'vn grand
Prophete, auec la mefme infolence, que ceux-
cy viennent d'attaquer l'honneur d'vn grand
Cardinal. Leurs railleries quoy que pueriles attirerent la vengeance de Dieu fur leurs
teftes, qui fur le champ fufcita des ours furieux pour deuorer fes enfans, & vanger fon
Prophete. Nos calomniateurs non plus que
ces enfans, n'auoient que des iniures pueriles
en la bouche au deshonneur de ce grand Mini-

ſtre, lors que les armées eſtrangeres à guiſe de troupes d’ours, par l’ordre de Dieu ſans dou-te, les ont ſurpris dans leur malice, & les ont chaſtiez pour leurs médiſances.

Dieu les a punis, & le Cardinal les a pleurez, ayant touſiours eu plus de compaſſion de leur aueuglement, que d’apprehenſion de leür hai-ne; quoy que l’vn & l’autre fuſt dans l’excés & allaſt au delà de toutes bornes. Ils ont eſté ſi tranſportez de haine, qu’ils ont perſecuté le Cardinal quoy que le premier Miniſtre de leur Roy; & ont eſté ſi fort dans l’aueugle-ment, que receuant l’Eſpagnol, ils n’ont pas veu que c’eſtoit le glus grand ennemy de leur Eſtat.

Ils eſtoient aux priſes auec le Cardinal, qui defendoit l’autorité de ſon Maiſtre, & les autres ſouſtenoient les caprices de leurs eſprits. L’Eſ-pagnol arriue ſur leurs differens, en intention de profiter de leurs querelles; les ennemis du Cardinal l’embraſſent, & oublient leur haine ſans ſe ſoucier de leur hõneur, qui les obligeoit dans cette rencontre de ſe défaire de leurs nouuelles aigreurs contre ce fidele ſeruiteur de la Couronne, & renouueller leurs ancien-nes haines contre cét ennemy iuré de la France. Pour faire dépit à celuy qu'ils s'imaginoient estre leur ennemy, & ne le fut iamais ; ils ont receu celuy qu'ils se persuadoient n'estre plus leur ennemy, & qui pourtant ne peut, & ne pourra iamais estre autre.

L'oracle diuin a fait mesme remarquer à l'histoire profane, que toute la terre fit la paix, lors que Iesus-Christ y fit son entrée ; mais cette paix, comme ie pense, ne procedoit pas d'vn veritable amour, mais des secrets mouuemens d'vne profonde rage : les hommes ne vouloient plus auoir de differens entre eux, pour n'en auoir desormais qu'auec Iesus-Christ. Le monde qui sentoit que son ennemy mortel s'approchoit pour le défaire, porta ses enfans à l'oubly de leur haine, & au renouuellement de leurs affections pour le combattre.

Le Cardinal n'estant en France, que pour imiter le mesme dessein qu'eut le Messie venant en terre, restablir la paix, & appuyer la iustice, a trouué deux grands ennemis en grand diuorce, qui ont esté pourtant de bonne intelligence, aprés auoir conneu sa bonne volonté.

On n'a pû regarder qu'auec horreur, l'vnion de deux partis mal intentionnez pour la France, pour en abattre vn troisiéme si affectionné au bien de l'Estat : vn seul Cardinal paroissoit l'obiet de tant d'auersions ; c'estoit l'interest qui animoit les Espagnols contre la prudence de sa conduite, qui ruinoit leurs affaires ; c'estoit l'enuie qui portoit les autres contre l'esclat de sa fortune, qui ébloüissoit leur veuë ; l'erreur fut aussi de la partie, luy suscitant des ennemis qui ne prirent dessein de le trauerser, que parce qu'ils ne s'estoient iamais donné le loisir de le connoistre. Voilà vne grande armée souldoyée par l'interest, renforcée par l'enuie, & grossie par l'erreur : ces trois puissans motifs firent vn grand party. L'Afrique ne porta iamais de monstre si hideux en son tout, ny si bigearre en ses parties. Le Cardinal deuoit estre son Hercule, il ne pouuoit pas estre sa proye ; il n'auoit garde de luy ceder, Dieu ne l'ayant fait naistre que pour le vaincre.

Il faut donc admirer ce que l'antiquité n'a iamais pû voir, & ce que la posterité fera difficulté de croire. Nos siecles ont veu cet obiet de constance, ce miracle de fermeté, ce Cardinal incomparable estre seul, & se de-

fendre contre deux formidables partis, qui
n'en firent qu'vn, & qu'on ne sçauroit autrement distinguer que par le nom d'ennemis,
c'estoient les Espagnols, & par celuy d'aduer-
faires, qualifions de ce nom tous les autres : ie
ne sçay quel des deux estoit plus à redouter
au Cardinal. Il est vray qu'il n'auoit à combatre les vns, que dans le champ de bataille ;
mais qu'il auoit à se démesler des autres, tantost dans les villes, dont il les falloit desloger
par prudence ; tantost dans les campagnes,
dont il les écartoit à viue force ; souuent mesme dans le cabinet, où il les distinguoit auec
dexterité. Combien de fois les a-t'il remar-
quez dans le conseil, où il les falloit eluder a-
uec esprit ? il les voyoit approcher du Roy,
& il faisoit semblant d'ignorer leur intention ; il les voyoit mesme à ses costez , & il
témoignoit agréer des ciuilitez si officieuses;
il s'apperceuoit de toutes leurs feintes & en
tiroit auantage ; tout ce que l'enuie tramoit
pour sa perte , sa prudence l'employoit pour
son establissement. Toutes leurs actions,
leurs paroles , leurs démarches estoient autant d'actes d'hostilité dont il se defendoit.
Contre les Espagnols, il ne luy falloit que

l'efpée; mais contre les autres , il n'eſtoit iamais fans le bouclier. Leurs regards & leurs
mines eſtoient mefme des embufcades pour
le furprendre, comme tous les lieux eſtoient
tout autant de champs de bataille pour l'attaquer. On euſt creu que cét aduis eſtoit pour
luy feul, que l'oracle donne pour tous: Regar- „
de que tu mets toufiours tes pas fur tes pie- „
ges, & que tu ne fçaurois paffer ton chemin „
fans rifque de ta vie.   „

Paul Emile dans la iournée de Cannes
eſtoit feul , & il luy fallut refifter à deux ; il
eut deux ennemis à fouſtenir, l'vn eſtranger,
l'autre domeſtique ; il redoutoit à la verité la
valeur d'Hannibal , mais bien plus l'imprudence de fon compagnon; il n'eut pas affez d'a-
dreffe pour empefcher les foibleffes de l'vn, &
fut obligé de ceder aux ſtratagemes de l'autre.
Noſtre Cardinal n'a pas eſté moins adroit, que
ce Conful fut infortuné ; il auoit plus de deux
fortes d'ennemis à combatre. Premierement
ceux qui eſtoient armez , tant d'autres qui
eſtoient abufez ; il a fait tomber les armes
des mains des vns , leur faifant voir les effets de fon courage ; & a tiré de la bouche
des autres la confeffion de leurs erreurs, leur

repreſentant la ſincerité de ſes actions; Car il ſçait auſſi bien deſabuſer ceux qui n’ont failly que par imprudence , qu’il ſçait terraſſer ceux qui pechent par malice.

Quelques ennemis donnerent de l’exercice à ſa valeur , mais plus d’vn million à ſa patience. Il ne falloit ſeulement pas combatre les armées à la campagne , mais auſſi les calomnies dans la ville. La victoire qu’il en remporta , fut le mépris qu’il en fit. Les diſcours de Paris ne l’ont non plus eſtonné que les armes de Bourdeaux , & il paroiſſoit touſiours auſſi ferme contre la rebellion, que contre la médiſance : il eſt touſiours armé pour ne laiſſer point prendre aduantage aux forces eſtrangeres, & n’eſt pas moins attentif pour ne donner pas occaſion aux deſordres inteſtins. Tandis que les Eſpagnols craignoient ſa prudence, ſur les frontieres ; les Colporteurs décrioient ſa vie ſur le Pont-neuf : mais il ſe mettoit plus en peine de ce qui ſe faiſoit en Picardie, que de ce qu’on diſoit aux Halles : il auoit la maxime auſſi bien que la patience d’vn grand heros, qui aimoit mieux eſtre craint des ennemis qui fuſſent ſages , que loüé des citoyens lors qu’ils eſtoient extrauagans.

Le

Le temps des troubles n'eſt pas celuy de la gloire, la trop forte paſſion qui nous offuſ-que, empéche qu'on ne la diſcerne ; elle n'eſt de ſaiſon que dans le calme, où la raiſon la diſtingue, & où la vertu la donne : c'eſt ce qui a rendu iuſques à preſent noſtre Cardi-nal plus exceſſif à ſon mépris, qu'à ſa recher-che : il ne ſe prenoit iamais garde que d'vn ennemy armé, & non pas d'vn aduerſaire médiſant ; apprehendant plus les efforts d'vne armée contre l'Eſtat, que les attentats de la calomnie contre ſa reputation. Il ſe ſoucioit fort peu que ſa renommée fuſt dechirée par l'impoſture, pourueu que l'autorité Royale ne fuſt point affoiblie par la reuolte.

Mais quoy qu'il ne s'en mette pas en pei-ne, nous ſommes obligez d'en auoir ſoin, s'il laiſſe ſa renommée à l'abandon pour la gloire de l'Eſtat : Nous auons de l'obliga-tion à la releuer pour l'honneur de noſtre nation, & nous deuons auoir autant de gra-titude pour reconnoiſtre ſes bienfaits, qu'il a eu de courage à ſouſtenir nos intereſts. S'il a ſacrifié ſa reputation à noſtre vtilité, nous ne pouuons pas moins que de conſacrer nos plumes à ſa defenſe.

Lors qu'on agit auec l'impofture, ce n'eft pas affez que de la méprifer, il faut la confondre ; il faut luy oppofer le mépris pour luy reprocher fa baffeffe ; mais il faut auffi luy oppofer la verité, pour la conuaincre de fauffeté.

L'inclination que i'ay toufiours euë non feulement de rechercher la verité, mais encore de contenter mon efprit, m'a fait affez fouuent ietter les yeux fur vne partie de ces Manifeftes contre le Cardinal, que la paffion a enfantez, que la cabale a publiez, & que la curiofité a leus. Ce ne font que redites auffi vaines qu'importunes: leurs Auteurs ont fait vn million de volumes, pour dire ce qui fe pouuoit comprendre en quatre paroles. La calomnie m'a bien donné plus de peine à l'éclaircir, qu'à la conuaincre ; iamais ie n'ay veu tant de rimes, & fi peu de fens : faifons en l'anatomie, auparauant que d'en entreprendre la refutation.

Donc ces impoftures fans nombre, ces volumes à milliers, aprés auoir efté bien examinez, ne font que quatre foibles accufations, qu'il m'eft auffi aifé de refuter, qu'il leur a efté difficile de les exprimer.

La premiere taxe sa naissance, sur ce qu'il est estranger.

La seconde luy reproche son imprudence, qu'on prouue par son retour en France.

La troisiéme represente son auarice, que nos finances n'ont pû assouuir.

La quatriéme, qui seroit la plus sensible, n'estoit qu'elle est la moins veritable, asseure que son interest empesche la paix, & luy fait vn esprit porté à la diuision de l'Estat, & à la continuation des troubles.

On le fait infame, parce qu'il est estranger; imprudent, parce qu'il est de retour ; méchant, parce qu'il a épuisé l'Estat; & broüillon, parce dit-on qu'il empesche la paix.

Les deux premieres accusations taxent les pretenduës mauuaises qualitez de sa personne, & les deux autres pretendent nous representer ses maluersations dans l'Estat. I'ay voulu répondre par ordre à tout ce que l'enuie n'a pû iamais obiecter qu'auec confusion.

Voilà sommairement en quatre chefs, ce qui a esté redit en tant de tomes , publié par tous les Colporteurs , & rebattu par toutes les harangeres ; qui a tant trauaillé l'esprit des fols, tourné l'imagination des foibles, exer-

cé la memoire des faineans, & enroüé le go-
zier des feruantes ; qui a esté mis en rime, é-
crit en burlesque , afin qu'on sçache mieux
que ces accusations aprés tout ne sont que des
chansons , que ie ne daignerois honorer d'v-
ne refutation serieuse, n'estoit que parmi vn si
grand nombre de libelles ridicules , il s'est
trouué quelque peu d'écrits aussi aigres que se-
rieux , qui ont dit en termes assez elegans de
tres-mauuaises raisons, & qui n'estans que di-
serts, ont pourtant passé à la faueur de la passion publique pour raisonnables.

Est-il possible qu'vn Prince de l'Eglise soit
reputé pour estranger , chez le fils aisné de
l'Eglise ; & qu'il ne soit pas veritable citoyen,
où l'autre est legitime Roy ? qu'vn Roy , &
vn Cardinal ayent vn si grand rapport , &
vne si saincte alliance dans l'Eglise, & toutefois qu'ils ne se soient rien en France?

Est-il possible que Louys XIV. en qualité
de Souuerain ne puisse pas donner droit de
bourgeoisie dans son Estat à vn Cardinal, du-
quel il auoit receu comme de son parrain, droit
de bourgeoisie pour le Ciel. Il y a prescription
pour les domiciles comme pour les biens:
aprés qu'on les a possedez quelque temps,

on en demeure iuſte proprietaire : de meſme
aprés qu'on a fait reſidence en vn lieu durant
vn temps raiſonnable , on a droit d'y paſſer
pour legitime citoyen. Il y a ſi long temps
que nos Roys luy ont donné l'entrée dans
leurs cœurs & dans leur cabinet ; de quel
droict leurs ſuiets la luy pourront-ils refuſer
dans leurs villes ? La qualité de concitoyen
des ſuiets eſt-elle plus releuée , que celle de
Miniſtre d'Eſtat de leur Roy ? Ce meſme obiet qui reuient tant au Roy dans ſon Lou-
ure , bleſſe les yeux de ſes ſuiets quand ils le
rencontrent dans les ruës : ont-ils droit d'eſtre
plus delicats que leur Souuerain , & auoir tant
de dégouſt pour la preſence de celuy, dont le
Roy gouſte ſi fort le merite? Ils ont ſi long-
temps eux-meſmes ioüy des auantageux effets
de ſon eſprit , & ils ne veulent à preſent
que ſon abſence? n'eſt-ce pas imiter les Iuifs,
qui vouloient receuoir la manne des mains de
Dieu, & fuyoient la rencontre de ſon viſage?
ils imitoient l'animal, dont ils haïſſoient l'v-
ſage , qui ſe courbe touſiours pour prendre
le glan qui le nourrit , & ne veut iamais ſe
tourner pour voir l'arbre qui le luy enuoye.

L'Arreſt donné contre le Mareſchal d'An-

ere par le Parlement, ne fut donné qu'aprés
sa mort , qu'on se persuadoit auoir esté premierement ordonnée par le Roy. Le Parlement n'osa luy faire son procés, lors que le
Roy agrea son Ministere , & ne le declara in-
digne de la vie, qu'aprés auoir creu que le Roy
l'auoit iugé digne de mort. On peut faire des
Arrests contre les estrangers qu'on croit que le
Roy vient de condamner, mais non pas contre
ceux qu'il persiste d'aimer. Si cét Arrest contre
les estrangers indifferemment est iuste , la
plus illustre Noblesse de France est entierement degradée , son origine estant estrangere , il faut que sa posterité soit infame ; les
descendans sont notez, lors que leurs ancestres
sont condamnez. Certes pour vn estranger qui
dans la minorité de Louys XIII. s'est peut-estre
oublié, n'esté dons pas la rigueur de nos Arrests
sur ceux qui sont venus au seruice de nos Rois,
& que le bon genie de la France doit appeller à l'aduenir pour la gloire de leurs succes-
seurs. Comme la vertu peut naistre par tout,
on la doit receuoir par tout ; & lors qu'elle est
estrangere par sa naissance, il la faut rendre
Françoise par nostre accueil. Numa & Tar-
quin n'estoient pas Romains, Seruius mes-

me fut efclaue; & ils furent Roys, où ils eftoient
eftrangers ; ils commanderent, où ils n'eftoient
pas nais , & eurent leur throfne où ils n'a-
uoient pas eu leur berceau. Ce fut la Politique
de Rome dans fon commencement, & qu'elle pratiqua dans fon declin, ayant fi fouuent
appellé la vertu eftrangere, pour commander
à l'Aigle Romaine. Dans fa vigueur elle luy
confia fon Confulat , dans fa naiffance fa
Royauté , & dans fa vieilleffe fon Empire;
pourquoy trouuera-t'on mauuais, que la Reyne luy confie fes fecrets , l'Eftat fes confeils,
& le Roy fon education.

Le Cardinal eft plus François, qu'il n'eft
Romain ; car on eft bien plus d'vn païs, où
l'on apporte la vertu, que de celuy, où l'on a
pris la naiffance. Le Soleil eft bien plus du Midy , que de l'Orient ; il naift icy, mais il produit là ; icy eft fon berceau , là fon theatre ;
il ne monftre icy que fa foibleffe , il monftre
là toute fa force. Le Cardinal, comme le Soleil, tient que fa plus veritable patrie , eft où
a paru fa plus haute vertu.

Les Tribuns du peuple, qui faifoient à Rome
ce que font les ennemis du Cardinal en France, émotions populaires, troubles d'Eftat, ba-

ricades, & faifies de forts ; voyant que la famille des Appiens eftoit celle, qui voyoit le plus
clair dans leurs deffeins, qui fous pretexte
d'aller au bien public & à la diminution des im-
pofts, tendoient à l'affoibliffement de l'autorité du Senat, & au changement de la Republique, s'aduiferent de la rendre coupable, en
l'appellant eftrangere ; & accuferent fon origine, ne trouuant rien à redire à fa conduite. Le Cardinal fouftenant l'autorité Royale contre les factieux, auec le mefme zele,
que toute cette famille appuyoit celle du
Senat contre les Tribuns, ayant eu comme
elle de mefmes ennemis, a efté accueilli de
mefmes iniures, parce qu'il auoit les mefmes
deffeins ; fes enuieux le traittent toufiours
d'eftranger en leurs difcours, pour le rendre
fufpect en fes actions, s'imaginant pouuoir
plus facilement ternir fa vie, aprés qu'ils au-
ront fleftry fa naiffance : quand on veut de-
crediter vne vertu, on décrie fa fource, &
parce qu'on ne peut blafmer fon efclat, on
taxe fon principe.

Les Pharifiens redoutans la reputation de
Iefus-Chrift, fondée fur la fainteté de fa vie,
& autorifée par la grandeur de fes miracles,

ne

ne pouuant le conuaincre d'eſtre criminel, dirent qu'il eſtoit eſtranger, & s'en prirent à ſes
parens, ne pouuant s'en prendre à ſes mœurs.

Le Cardinal eſt eſtranger en France pour
les meſmes raiſons, que les Peres de l'Egliſe ont
dit, que la verité eſtoit eſtrangere ſur la terre:
les perſecutions qu'ils ſouffrent tous deux
pour vne meſme cauſe, leur font porter à tous
deux vn meſme reproche.

Cét homme qualifié du nom de Samari- ſaine _Luc. 10._
tain dans le recit que l'Euangile nous en fait,
& de celuy d'eſtranger dans l'interpretation
que S. Auguſtin luy donne, ſe chargea d'vn
corps malade, que les vns auoient bleſſé, les
autres negligé; & aprés auoir écouté ſon Dieu
entreprit ſa ſanté. Le Cardinal eſt cét eſtranger charitable, qui obeiſſant à la voix de ſon
Roy, s'eſt chargé de ſon Eſtat, & rend peu
à peu la ſanté à ce corps languiſſant par la
continuation de ſes ſoins, que tant d'autres
luy ont raui, tant par leur cruauté, que par
leur negligence.

N'eſt-il pas eſtranger en France, comme cét
autre l'eſtoit dans l'Euangile. Dieu faiſoit
des graces à tous, il fut de leur nombre, mais
non pas de leur inclination : les autres tom-

F

Non est in-
uentus, qui re-
diret, & daret
gloriam Deo,
nisi hic alieni-
gena.
Luc. 17. 18.

berent dans l'ingratitude ; l'estranger fut le seul qui demeura dans la reconnoissance. Le Roy ne se signale que par ses bienfaits, comme Dieu par ses graces. Presque tous le méconnoissent, tant de reuoltes n'en sont que de tres-honteuses marques ; ce seul estranger le reconnoist, tant de malheurs essuyez pour son seruice, en sont de glorieuses preuues.

Ces calomniateurs ne haïssent pas tant les estrangers, qu'ils en font le semblant ; leurs deportemens démentent leurs paroles : ils ayment les estrangers, lors qu'ils viennent pour ruiner nos prouinces ; mais ils ont en horreur cét estranger qui se sacrifie pour les veritables interests de la Couronne. Nos loix abolies, nos villes prises, nos prouinces emportées, sont les cruels excés de ces maudits estrangers qu'on aime & qu'on appelle. Nostre gloire maintenuë, nos traittez auantageux, nos ennemis surpris, & nos frontieres defenduës, sont les actions assez connuës par tout le monde de ce genereux estranger qu'on persecute. Les Arrests ne deuroient proscrire, que ces estrangers, qui entrent dans l'Estat pour desoler nos peuples ; & non pas ceux, qui se tiennent auprés du Roy pour obeïr à tous ses ordres.

Mais ſes ennemis qui le veulent offenſer l'appellant eſtranger, adiouſtent qu'il eſt Sicilien, croyant que ce dernier reproche encherit de beaucoup pardeſſus le premier : comme s'ils diſoient, que non ſeulement il n'eſt pas François eſtant eſtranger , mais qu'il eſt meſme dans l'incapacité de le deuenir, eſtant Sicilien. Ie vous laiſſe à penſer comme là deſſus ils font haut ſonner le premier & le ſecond coup des veſpres Siciliennes, & forcent noſtre hiſtoire de parler conformément à leur paſſion. Quoy que le Cardinal ſoit Romain, il conſent toutefois qu'on le nomme Sicilien : il luy importe fort peu, qu'on prenne le lieu de ſon origine, pour celuy de ſa naiſſance : ſes anceſtres y ont veſcu de tout temps auec éclat, & pourquoy n'en ſeroit-il iſſu qu'auec honte? L'argument que ie fais, eſt contraire à celuy que les ennemis du Cardinal ont fait: S'il eſt Sicilien, dis-ie, il ne nous eſt pas eſtranger; Dieu l'ayant fait originaire de cette Iſle, l'a mis en droit d'eſtre ſuiet de noſtre Prince.

La Sicile a tant de beautez, que de tout temps elle a dóné de l'amour aux plus puiſſans Eſtats; le deſir de la poſſeder les rendoit ennemis, & l'eſperance d'en iouïr toſt ou tard les faiſoit riuaux. Ce n'eſtoit pas de petits Eſtats qui auoient des pretentions pour ſa beauté, il n'appartint iamais qu'aux plus hardis & aux plus redoutables, d'aſpirer à ſa conqueſte. Rome, & Carthage, les deux plus puiſſantes Republiques du monde, ſe ſont vſées de vieilleſſe, & épuiſées de ſang à ſa recherche. Ie ne m'eſtonne pas ſi la Sicile s'eſt tellement ſubtilizée parmy les intrigues de ſes amours, auſſi longs que funeſtes.

Elle n'a non ſeulement pas donné de l'amour aux deux plus nobles Republiques du Paganiſme ; mais depuis elle ne s'eſt pas moins fait rechercher des deux plus auguſtes Monarchies de la Chreſtienté ; ſes puiſſans attraits firent naiſtre ces meſmes deſirs de la poſſeder dans le cœur des François, & des Eſpagnols ; ils ne pûrent l'aimer, ſans ſe haïr. C'eſt dans la Sicile que commencerent ces contagieuſes haines, qui ſe ſont répanduës par tant de prouinces ; c'eſt dans cette Iſle qu'eſt cette ſource de guerres Françoiſes & Eſpagnoles, qui ſont ſouuent des torrens qui inondent, s'ils ne noyent toute la terre.

La Sicile donc eſtant touſiours l'obiet de leurs deſirs & de leurs conqueſtes, les Siciliens

en leur particulier, croyent eſtre en droit de ſe
donner à celuy de deux conquerans, dont
ils approuuent plus la recherche, & dont ils
cheriſſent plus la cauſe. Le Cardinal s'eſt voüé
au ſeruice de celuy qu'il croit eſtre ſon Roy,
n'ayant iamais regardé l'autre que comme
vn Vſurpateur; s'il n'a pas la liberté d'eſtre
François en Sicile, pourquoy le veut-on empeſcher de l'eſtre en France ? c'eſt rebuter
toutes les nations qui veulent retourner
ſous noſtre obeiſſance, que de bannir leurs
enfans auec tant de cruauté de nos terres.
Cette politique eſt non ſeulement pas rem-
plie d'imprudence, qui détourne tous les peuples qui nous demandent: mais qui plus eſt, elle
eſt pleine de barbarie, puiſqu'elle traitte ſi mal
ceux qui nous viſitent. C'eſt la gloire du Cardinal d'auoir quitté ſon pays pour viure ſous
ſon Roy; & au hazard d'eſtre pris pour vn
banny, il ne veut point paſſer pour vn Eſ-
pagnol : ce ſeroit reconnoiſtre les droits de
l'Eſpagne ſur la Sicile, que de mettre vn ſi genereux Sicilien hors de la France; le faire eſtranger auſſi bien contre la raiſon, que contre ſon
gré, c'eſt détruire nos droits, en choquant
ſes inclinations.

F iij

Ce n'eſt pas aſſez de dire que le Cardinal eſt François de ſon gré, il l'eſt auſſi par neceſſité, & qui ſçaura l'hiſtoire de la Sicile, ſçaura la neceſſité de cette inclination.

Durant les conteſtations des maiſons d'Aniou & d'Arragon, ce grand Aloimus Leontius, & ſon neueu Mazarin fils de ſon frere, au rapport des hiſtoriens, Zurita, Maurolic, & Phaſel, ſe firent remarquer pour auoir merité les plus hautes charges de cét Eſtat par les effets de leur valeur; mais encore plus pour auoir ſignalé leur affection au party de la France par la perte de leur vie; toute leur famille ne fut alors qu'vne victime; mourans par la cruauté de l'Eſpagne, ils voüerent leur poſterité au ſeruice de la France; tellement que la haine qu'a toufiours conceuë le Cardinal contre les Eſpagnols, n'eſt qu'vne commiſſion qu'il execute par l'ordre de ſes ayeuls; qui dirent ſans doute, lors qu'on eſtouffa leur vie dans les eaux, ce que le Poëte fait dire à vne Reyne qui ſe conſumoit dans les flammes:

Exoriare aliquis noſtris ex oſſibus vltor,
Qui face Dardanios ferróque ſequare Colonos.
Lors que les ennemis du Cardinal parlent des

vefpres Siciliennes, ils s'imaginent luy reprocher la cruauté de fa patrie, & ils ne font que luy reprefenter la gloire de fa naiffance.

Ce fut par fon pere qu'Annibal fut obligé par ferment de perfecuter les Romains ; & ç'a efté par tous fes ayeuls, que le Cardinal a efté confacré pour haïr les Efpagnols : tellement que les haines de ces deux illuftres ne font pas à proprement parler des paffions de l'ame, mais des obligations de la religion.

Ces veritez, que l'hiftoire nous a laiffées, font bien efloignées des contes que la calomnie nous a faits; qui n'ayant pû trouuer de veritables crimes, a fuppofé de fauffes genealogies ; aprés auoir forgé des ayeuls inconnus au Cardinal, elle luy donne auec vne effronterie fans exemple des niepces roturieres. Faut-il s'eftonner fi elle a perdu le refpeét, que tous les gens d'honneur doiuent à ce fexe ; aprés auoir oublié celuy qu'on doit à la pourpre? pourquoy feroit-elle fcrupule d'eftre inciuile, n'en faifant point d'eftre impie ? Peut-elle ignorer combien font illuftres & anciennes , les maifons de Mancini & de Martinoffi, dont ces Damoifelles font iffuës, aprés que toute l'hiftoire d'Italie affeure que tous n'ont pas feulement esté Gentilshommes , mais qu'il y a eu de grands Seigneurs de tout temps de la maison de Mancini : Et aprés que la Religion de Malte a fait voir dans ses archiues & actes publics, que depuis plus de trois cens ans il y a eu des Commandeurs Presidens dans ses assemblées,de l'ancienne famille de Martinossi: quoy la calomnie démentira-t-elle la religion auec la mesme audace qu'elle dément l'histoire?

La haute noblesse de ces genereuses Damoiselles ne se lit pas si bien dans l'histoire, qu'on la voit sur leur visage : on apperçoit sous la douceur de leurs traits la maiesté de leurs ancestres; & aprés auoir veu quelle est leur vertu en France , nous auons bien iugé quelle est leur naissance en Italie : cette mesme vertu , & cette mesme naissance, qui a fait déia meriter à l'aisnée d'estre l'espouse d'vn grand Prince, donne droit aux autres d'esperer vn aussi grand parti.

Ce genereux Mancini cousin de l'vne, & frere des autres, par vne mort si precipitée & vne vie si courte, donnant des preuues si extraordinaires de son courage ; & de son zele pour le seruice du Roy, n'en donna que de trop con-
uain-

uaincantes de ſa nobleſſe ; c'eſt vne beatitude, dit le Poëte, de mourir en la preſence de ſes proches : donc ce ieune Seigneur d'vne mort ſi glorieuſe en a fait ſa plus grande felicité, il perdit la vie, ou pluſtoſt fit ſon apothcoſe (s'il m'eſt permis de parler ainſi) en la preſence de ſon Roy, & en celle de ſon oncle : il s'é-toit monſtré digne de la faueur de l'vn, & du ſang de l'autre durant ſa vie ; & il le fut de leurs regrets aprés ſa mort.

Ces beaux reiettons d'vne ſi noble tige, que le Cardinal a donnez à la France, ſont au-tant de iuſtes démentirs qu'il donne à la calomnie.

C'eſt le deſtin de tous les fauoris, & auſſi bien ailleurs qu'en France ; lors que le Roy les eſleue, l'enuie les rauale ; tandis que le Roy cherit leur merite, & recompenſe leurs ſerui-ces, l'enuie déterre leurs anceſtres & desho-nore leurs cendres. Si faut-il aduoüer aprés tout, que quand bien nous ſerions en droict de haïr la qualité d'eſtranger en la perſonne de tous les autres, nous auons pourtant obli-gation de l'aimer en celle du Cardinal.

Si quelques particuliers s'en faſchent, qu'ils ſe ſouuiennent que le fils de Dieu rentrant

G

en l'administration de ce monde, prend la qualité d'estranger, en prenant celle de maistre; &
subſtituant à ſon depart les Apoſtres en ſa
place, il ne les y eſtablit ſouuerains, qu'a-
prés les y auoir rendus eſtrangers; & les faiſant iuges du monde, il leur defendit en meſme temps d'eſtre citoyens du monde. Les
Turcs s'éloignans de ſa Religion, ont ſuiuy
ſa Politique; car il ſuffit que leurs Viſirs, Baſ-
ſas ou Gouuerneurs ſoient Turcs de nom, ils
ſont preſque tous eſtrangers de naiſſance : le
progrez de leur fortune iuſtifie l'excellence
de leur conduite. Les deux plus grandes Monarchies du monde, celle des Perſes eſtablie
ſur les ruines des Aſſyriens & des Medes, &
celle des Syriens faite du plus beau débris
de la fortune d'Alexandre, n'ont veu les ennemis dans leur Eſtat, que pour auoir refuſé
d'admettre les eſtrangers dans leur Conſeil.
Darius Roy de Perſe fermant ſon Cabinet
aux eſtrangers, ouurit ſon Royaume aux ennemis; & Antiochus perdit le Royaume d'A-
ſie, pour auoir refuſé le Conſeil d'Afrique; &
eut les Romains pour ſes maiſtres, n'ayant
pas voulu auoir Annibal pour ſon Conſeil-
ler.

Ce n'eſt pas ſans ſuiet que l'hiſtoire mé-
priſe ces deux Rois, & c'eſt auec iuſtice que
toute la poſterité admirera noſtre grande
Reyne, qui aux armes de France a ioint les
Conſeils d'Italie, ſe ſeruant des maximes d'vn
Romain plein d'experience pour la conſeruation d'vn Royaume accablé d'affaires.

L'enuie ne ſe contente pas d'aller iuſques
en Sicile pour y rechercher ſa naiſſance, elle
reuient à la Cour pour y quereller ſa conduite: ſon deſſein eſt de le bannir de l'Eſtat,
nous apprenant qu'il eſt eſtranger ; ou l'ex-
clure du moins des affaires, s'efforçant de
monſtrer qu'il eſt imprudent. C'eſt ſa ſecon-
de accuſation, qui ſouſtient que ſon retour
en France eſt vne marque de ſon incapacité
aux affaires; & faiſant ſemblant de s'intereſ-
ſer pour le party du Roy contre la defection
des meſcontans, elle dit que ce retour a oſté la
victoire à l'vn, pour la donner aux autres; & l'a
fait tourner du coſté de la reuolte, lors qu'elle
penchoit entierement dans le party de la iuſtice.

C'eſt icy qu'on voit clairement, que de tous
ces troubles le Cardinal n'en a eſté que le
pretexte, mais non pas la cauſe. Le Cardi-

nal s'eſt eſloigné , & les troubles n'ont pas
ceſſé.

On ſçait bien que la defection qui ſe mi-
nutoit lors qu'il eſtoit à la Cour , n'a oſé é-
clatter que lors qu'il a eſté hors de France;
ſa preſence faiſoit ſon pretexte, & ſon abſence a fait ſon progrez.

On vouloit oſter à la Reyne ſon Conſeil,
pour mieux luy rauir aprés ſon autorité; eſtant
ſans reſolution, elle euſt eſté bien toſt ſans re-
ſiſtance. Le Cardinal en s'écartant donnoit
cette ſatisfaction pluſtoſt au public, qu'à ſa
conſcience. Le public s'imaginoit que cette
abſence feroit la paix , & le Cardinal voyoit
auec regret qu'elle allumeroit la guerre ; n'importe , il ayma mieux flatter nos imaginations
en quittant la France ; & certes il eut tort , il
falloit pluſtoſt les corriger ſans abandonner
la Cour.

Il ſe bannit volontairement à l'exemple de
Ionas, qui ſe ietta hors du vaiſſeau pour le de-
liurer de la tempeſte; mais le Cardinal pour
s'eſtre ietté hors de la France ne fit pourtant
pas ceſſer l'orage. Les ſeuls pechez de Ionas
appelloient la tempeſte ſur le vaiſſeau, & ſa
preſence n'y eſtoit que trop funeſte ; mais les

feules vertus du Cardinal écartoient l'orage de l'Eftat, où fa prefence eftoit abfolument neceffaire. Si pour deuenir luy-mefme victime, fes ennemis euffent pû deuenir fages ; il euft volontiers facrifié fa vie, pour changer la leur.

Mais ces ennemis repliquent, que quand bien la confideration des affaires l'euft obligé à retourner, pourtant les Arrefts du Parlement luy defendoient mefme d'y penfer : que s'il n'eft pas coupable pour fa conduite, il l'eft du moins pour fa defobeyffance.

Vn ancien difoit que Rome n'eftoit pas *Herodian.* proche du Tybre, mais prés de l'Empereur; & que fi elle n'eftoit pas là , il ne la falloit pas chercher ailleurs. De mefme nous ne connoiffons point de Parlement qu'entant qu'il eft auec le Roy ; & n'obeiffons aux Arrefts de l'vn, qu'entant qu'ils fe donnent par les ordres de l'autre. Le Cardinal eftant toufiours auprés du Roy, fçauoit fes ordres ; & n'y ayant point veu le Parlement, il a deu ignorer fes Arrefts.

Mais ie veux qu'il ait pû les entendre & qu'il ait deu leur obeyr, puifque vous le voulez en fon deuoir ; confentez donc à fon

retour. Pourquoy le Cardinal feroit-il hors
de France, fi on le condamne dans la France ?
le criminel ne doit-il pas eftre où fa partie
l'accufe, & où fon iuge le condamne ? ne
font-ce pas les formalitez de Iuftice, qu'il
foit confronté à fes parties, & prefenté à fes
Iuges ? Il eft de retour dans le deffein de faire le perfonnage d'vn accufé ; mais au lieu
de trouuer des Iuges affis fur les Fleurs de Lis
pour l'entendre, il rencontre par tout les paf-
fages fermez pour l'arrefter. Si vous eftes
mes iuges, difoit-il, qu'on m'écoute : Si vous
eftes mes ennemis, que ie vous combatte. Où
eft la Iuftice ? On me bannit de la prefence
de mes iuges, & de celle de mes ennemis. Ie
fuis également criminel tant pour alleguer
la raifon pour ma iuftification, que pour oppofer les armes pour ma defenfe ; quel pro-
cedé! On ne me donne pas le moyen de me
iuftifier, on me refufe vn lieu pour me vanger, & on m'ofte toute occafion de me reconcilier tant auec mes ennemis, qu'auec
mes Iuges. Ie demande iuftice, vous pre-
tendez me la refufer, ie fuis en droit de me
la faire : qu'on écoute mes raifons, ou qu'on
connoiffe mes forces ; on m'oftera l'infamie,

ou on me donnera la mort ; ie cherche mon honneur en rifquant ma vie. Si ie ne puis pas prefenter mes plaintes à la Iuftice, ie donneray mon fang à l'enuie.

Adiouftez à la neceffité de fa defenfe l'intereft de fa reputation. Nous ne pouuons pas difpofer de noftre honneur non plus que de noftre vie : ce font deux biens que Dieu nous donne à condition de n'en eftre que les depofitaires,& non pas les maiftres ; confentir à leur perte, eft s'abandonner au defefpoir. Son retour le fait accufer d'imprudence, mais feulement par les enuieux; au lieu que fon depart le faifoit foupçonner de lafcheté par tous les habils. Auoir tenu le gouuernail de l'Eftat durant le calme, & l'auoir relafché au premier bruit de la tempefte? Auoir la bonne caufe, & ceder à l'iniuftice? Eftre appuié de l'autorité du Roy, & fuccomber fous les efforts de quelques mutins? N'eftre que menacé, & s'enfuir ? Confentir à fon banniffement, & autorifer la reuolte? On n'euft iamais pû croire que ce fuft lafcheté, & il y euft eu plus de fuiet de penfer que c'étoit vne trahifon : On euft dit qu'il eftoit impoffible que le Cardinal fuft fi lafche, & qu'il falloit neceſſairement qu'il fuſt vn traiſtre.

Mais ie veux qu'il falluſt ſacrifier la reputa-tion d'vn particulier au bien du public; ſi ne falloit-il pas abandonner la gloire de ſon Roy, qui conſiſte dans l'indépendance de ſes ſuiets. Le Cardinal ne pouuoit fuir, que le Roy ne vinſt à décheoir; ſi le Miniſtere de l'vn eſtoit ruiné, l'autorité de l'autre eſtoit affoiblie; ne pouuoir conſeruer vn homme, c'eſt ne pou-uoir porter vne Couronne; toute autre main que la ſienne, qui renuerſe vn fauory, eſbran-le fort ſon throſne. Sans parler des exemples paſſez, les malheurs ſuruenus il y a quelques années en Turquie, & renouuellez depuis peu en Angleterre au ſuiet des Roys, mon-ſtrent qu'à l'oppoſition qu'on fait à leurs in-clinations, ſuccede l'abolition qu'on fait de tous leurs droits; & que le tout ſe termine touſiours par les attentats qu'on fait ſur leur vie. Il en eſt des faueurs des Roys, comme des graces de Dieu; c'eſt vne temerité que de s'informer ſeulement de la cauſe qui meut leurs ſacrées volontez à les faire. S'il eſt de-fendu d'en rechercher le principe, à plus for-te raiſon d'en quereller l'obiet. Vn ancien di-ſoit, que du bonheur qui nous arriue, ſoit de

la

la part de Dieu , foit de celle du Roy , on n'en rend iamais la raifon , & partant qu'on n'en peut iamais auoir la connoiffance. A l'exemple de Dieu , le Roy qui luy eft fi proche, ne répand iamais des graces, qu'il n'en cache la fource ; parce qu'il veut s'attirer noftre admiration , & non pas s'affuietir à noftre cenfure ; & lors qu'il fait vn fauory , il veut que nous croyons qu'il a fait vn miracle.

Quand le Cardinal feroit auffi criminel, qu'il eft innocent ; quand au lieu de la calomnie qui l'accufe, la verité mefme feroit fa partie; eftant dans l'efprit de fon Roy , il n'eft plus dans le reffort de noftre iurifdiction; celuy qui l'a mis dans fon cœur, l'a mis au deffus de nos iugemens.

Certes l'honneur du Roy autant que le fien , le rappelloit à la continuation d'vn Miniftere dont il luy auoit confié le fecret; & le fouuenir mefme du feu Roy l'exhortoit fans ceffe , à ne quitter point vn Eftat , dont il luy auoit autrefois comme donné le timon. Le Cardinal ne pouuoit oublier fon deuoir, quand il fe reprefentoit fon Roy ; il fe fentoit auffi excité par fa memoire, qu'il auoit efté autrefois animé par fa prefence. L'hiftoi-

H

Rationem fœlicitatis nemo reddit.
Auf. ad Grat.
Deus & qui Deo proximus tacito munera difpertit arbitrio, & fuorum beneficiorum indignatus per homines ftare iudicium, mauult de fubditis dediffe miraculum.
Idem.

re nous dit que Martius n'ofant fe promettre
de reüffir dans la conduite d'vne armée que
les deux Scipions luy auoient laiffée deuant
leur mort, fut confeillé par fa crainte de s'enfuir ; mais qu'il fut obligé par leur ombre
de s'arrefter : l'ombre dis-ie de ces deux illuftres morts le ramena dans le camp, & quelques iours aprés au triomphe. Ie me repre-
fente cette ame bien-heureufe de Louys le
Iufte, qui va chercher le Cardinal fur nos
frontieres pour le rappeller au maniment de
nos affaires, & par autorité l'inftaller en vn lieu
d'où il ne s'eftoit abfenté que par prudence.

Que l'on confidere quelle eftoit la face
de cét Eftat, & on connoiftra le befoin qu'on
auoit de ce Miniftre : à fa referue & de quelques autres, qu'on vouloit bannir de la Cour,
comme on le banniffoit luy mefme du Royaume , prefque tous ceux que l'experience
des affaires auoit rendus capables du Miniftere, prenoient party , ou dans la maifon
d'Orleans , ou dans celle de Condé, & n'ap-
prochoient le Roy qu'en qualité d'agens ou
affidez de quelqu'vn de nos deux Princes.

La Reyne n'auoit que trop d'obligation de
retenir celuy qui eftoit en fa dépendance , &

reietter ceux qui eſtoient en leur confidence ;
ne deuoit-elle pas en conſcience preferer celuy que le feu Roy ſon eſpoux luy auoit
donné, à tous ceux que les Princes mécontens luy preſentoient?

C'eſtoit donc vne neceſſité que de le retenir, & c'euſt eſté vne deſobeiſſance que de
l'éloigner : La Reyne eſt trop prudente, pour
rien faire contre l'intereſt du Roy ſon fils; &
trop religieuſe, pour rien entreprendre contre les ordres du Roy ſon eſpoux. Le Cardinal a deu reuenir pour ſatisfaire à ſon honneur;& la Reyne a deu luy commander, pour
dégager ſa conſcience. Cependant ce glorieux & neceſſaire retour, eſt ſon vnique crime. Les Commiſſaires aprés auoir parcouru
les Prouinces pour y trouuer ſes maluerſa-
tions, n'ont pû faire inuentaire que de ſes
vertus : ils en ont fait la matiere de leur Arreſt,
& pris le ſuiet de ſa condamnation.

Ce ne fut iamais à proprement parler la
volonté de la Cour, ce n'eſtoit qu'vn effet
de la brigue ; ce ne fut iamais vn coup de
foudre lancé par le Parlement ; ce n'eſtoit
qu'vn coup de fronde tiré fort mal à propos par la cabale. I'en parle d'autant plus

librement, que cét Augufte Senat ne l'appelle pas vn Arreft de Cour Souueraine, mais vne violence faite à la Cour & vne entreprife contre fa fouueraineté.

Dieu! que de façons pour le faire, que de gens de guerre pour l'arracher, que de gens de faction pour le minuter, que de Commiffaires en campagne pour le colorer, que de cabales dans la ville pour le folliciter, que de bruits & de feditions pour le fignifier, que d'inuentions & de machines pour le promener! Il a efté dreffé fur les memoires de la calomnie; fait à coups d'efpées ; concerté au fon des fifres' & des tambours ; & prononcé parmi la fanfare des clairons & des trompetes, par des gens fans doute, qui n'auoient iamais porté la cornete, & qui portoient toufiours l'efcharpe. On s'eftonne qu'il ne fubfifte pas ; mais ayant efté conceu & nay dans le feu, il falloit bien qu'il s'en allaft en fumée.

Quel eft le crime qu'il condamne ? le retour d'vn fuiet qui vient au fecours de fon Roy contre la reuolte. Quel eft le chaftiment qu'il ordonne ? la profcription d'vn Cardinal (chofe inoüie!) qu'on difoit venir contre les ordres du Roy, & qu'on fçauoit pourtant n'eftre iamais venu ſans les ordres exprés du Roy.

Si vn Tamerlanes brigand ſorti du fond de la Scythie; ſi vn Attila incendiaire d'vne partie de l'Vniuers; ſi vn Totila violateur des Temples; ou vn Theodoric parricide des iuſtes, ſecouroient vn Roy auec leurs armées; qui leur defendroit l'entrée du Royaume ſans crime? bien loin de les rechercher, il les faudroit iuſtifier. Si les hommes les plus criminels armez pour l'intereſt du Roy, ſeroient reſtablis en l'innocence ; pourquoy' vn Cardinal auſſi innocent que genereux & fidele, qui retourne & qui arme ſi à propos pour ſa querelle, ſeroit-il en crime ?

Vous donc, qui appellez ſon retour ſa plus haute imprudence; aprés en auoir reconnu la veritable cauſe, ne le qualifierez vous pas du titre d'vne diuine & toute admirable conduite: les motifs en ont eſté ſi iuſtes, les reſſorts ſi bons, les inſtrumens ſi puiſſans, les moyens ſi heureuſement concertez , & tous les momens ſi bien compaſſez, que la prudence humaine n'ayant iamais rien fait d'égal à l'entrepriſe de ce glorieux retour, la ſeule prouidence de Dieu peut ſe l'approprier comme ſon chef d'œuure.

H iij

Differentes perſonnes y ont contribué ; mais
c'eſt Dieu ſeul qui l'a fait. Grand Cardinal,
comment pouuiez vous ne venir pas , & ne
point conſentir à voſtre retour ; l'autorité
du Roy vous en a fait les premiers comman-
demens , les cendres de ſon pere vous en ont
donné les plus puiſſans deſirs , les coniurations de la Reyne vous en ont eſté les plus
fortes ſemonces , les beſoins de l'Eſtat en ont
eſté les plus preſſants motifs, & voſtre honneur
inſeparable de l'intereſt du Roy, vous y a ſer-
ui de puiſſant aiguillon ; mais c'eſt Dieu ſeul
qui vous en a donné les moyens, & facilité
l'entrepriſe.

Où la calomnie s'imaginoit auoir trouué l'imprudence du Cardinal, i'y remarque la
prouidence de Dieu; n'eſt-elle pas bien aueugle
de prendre les ordres du Ciel, pour les defauts
d'vn homme , & vne action ſi prudemment
concertée, pour vne temerité qui tient de la
folie? Aprés l'auoir perſecuté dans ſon pays, où
elle luy fait vne parenté à ſa poſte , elle n'a
garde de l'épargner dans le Conſeil, où elle
luy ſuppoſe vne Politique à ſa mode.

La batterie qu'elle dreſſe eſt ſelon les lieux où
elle ſe trouue, & change non pas d'humeur,

mais de ftile, à mefure qu'elle change de place.
La voicy qu'elle fait fon entrée dans le lieu des
Finances, pour y commencer la troifiéme
de fes impoftures. A l'entendre parler vous
diriez que l'Eftat n'a iamais fait de dépenfes,
mais feulement des referues ; qui aprés auoir
efté fi bien mefnagées par tous les Sur-Inten-
dans, ont efté depuis fi hardiment enleuées
par vn feul Cardinal. On ne parle pas de la
continuation des guerres, qui les ont prefque
confommées; de l'auarice de tant de particuliers qui fe les font appropriées; du luxe de
tant d'autres, qui les ont diffipées ; du nombre des penfionnaires dans l'Eftat , & hors
du Royaume, qui les ont partagées; des gages
d'vne infinité d'Officiers tant des anciens
que de ceux de nouuelle creation, qui les ont
attirées;&de l'vfage iufte & ordinaire qu'en faifoient nos Princes Lieutenans Generaux de l'E-
ftat. Non, dit la calomnie, le feul Cardinal a
efté le feul gouffre, qui les a toutes englouties.

Ie n'ay iamais efté Miniftre d'Eftat pour
auoir fceu ce grand fecret, i'ay appris pourtant les plaintes des Parlemens ; i'ay feüille-
té les Manifeftes des Princes du fang; i'ay leu
les Remonftrances des Cours Souueraines bien

long-temps auparauant que le Cardinal vinſt
au Miniſtere ; qui ſe plaignoient hautement,
que toutes les Finances eſtoient ſans fonds,
l'Eſtat ſans argent, & les peuples ſans ſang. Certes il vaut mieux adiouſter foy à la verité, qui
parloit à vn Roy Iuſte, du brigandage de tant
de ſangſues par la bouche des Princes du ſang
& des Parlemens ; que non pas à la calomnie, qui impute ſi mal à propos au Cardinal
par l'organe de quelques mutins, les maux
que tant d'autres auoient deſ-ia faits, lors
qu'il n'eſtoit, ny en eſtat, ny en droit de s'approcher des Finances. Effrontez que vous eſtes ;
les Princes du ſang, les Parlemens, & tout ce
que nous auons de teſtes auguſtes, donnent
vn démentir à voſtre calomnie, déchargeant
le Cardinal de voſtre accuſation. Ils l'ont iu-
ſtifié auparauant que vous l'euſſiez condamné;
& ſon innocence eſtoit à couuert de vos oppro-
bres, lors que vous n'auiez pas encore fait
éclorre vos malices. Ne direz vous pas que depuis ce temps, le ſang eſt reuenu dans les vei-
nes du peuple, que l'abondance a eſté rame-
née en France, & que l'argent eſt reſuſcité
dans l'Eſpargne? car à moins que de nous per-
ſuader la reſurrection des Finances, vous ne
ſçauriez

fçauriez donner quelque couleur à vos impoftures. Le Cardinal n'a pû enleuer des biens
qui eftoient confumez, s'ils ne font refuf-
citez.

Qu'on dife que ce peu qui pouuoit encores refter dans l'Efpargne, aprés tant de profufions faites ; & ce peu qui s'eft leué fur le
peuple aprés tant d'exactions reïterées, ait efté
mal ménagé ; pourueu qu'on fe fouuienne
que les premieres conqueftes ont efté confer-
uées, & que les nouuelles ont efté en plus
grand nombre , & d'autre importance que
les anciennes : Grauelines , Courtray , Piom-
bin & Portelongone , & tant d'autres places, ne fe prennent point fans finances, non
plus que fans canon; dans vn fiege il fe con-
fume plus d'or, qu'il ne s'vfe de fer ; & celuy-cy fans doute y eft bien moins en vfage
que l'autre.

La valeur de nos grands Princes , & bra-
ues Marefchaux a fait à la verité ces conqueftes ; mais ç'a efté à la prudence de noftre
grand Miniftre , de leur en fournir les moyens;
les autres y payoient de leurs perfonnes, & luy
de fon efprit; ils y ont apporté leurs courages,
& le Cardinal fa preuoyance.

I

Aprés auoir fait des dépenſes ſi neceſſaiˉ
res auec des finances ſi épuiſées, peut-on l'acˉ
cuſer de ces pretendus enleuemens pour ſaˉ
tisfaire à ſon luxe, & aſſouuir ſon auarice? Qui
le croira qu'vn fond ſi épuiſé ait pû ſuffire
à tant de conqueſtes ſi viſibles, & à des priſes
de villes ſi conneuës , & en meſme temps
auſſi à tant d'enleuemens controuuez, & de
larcins ſuppoſez?

Meſſieurs les ennemis du Cardinal, pardonˉ
nez moy, ſi ie vous dis que de la calomnie
vous eſtes tombez en l'égarement. Voſtre
paſſion ne ſe contente pas de vous aueugler,
elle vous fait extrauaguer; & aprés vous auoir
mis hors de voſtre deuoir , elle vous a mis
hors de voſtre ſens: Donnez des impoſtures
vray ſemblables , celles-cy ſont trop fabuˉ
leuſes.

Mais ces millions ſans nombre que vous
faites enleuer de l'Eſpargne du Roy par l'aˉ
uarice du Cardinal, furent-ils employez par
le luxe? Vous ne luy reprochez pourtant pas
qu'il ait fait des baſtimens en France, ny monˉ
ſtré des ſomptuoſitez à l'Italie.

Ces millions furent-ils volez pour l'entretien
de la diſſolution ? Vous aduoüez pourtant

qu'il n'eſt pas exceſſif en feſtins. Tient-il des perſonnes infames à ſes gages, & voit-on en ſa maiſon des obiets de ſenſualité, & des inſtrumens de débauche?

Eſt-ce pour l'agrandiſſement d'vne famille que ces millions furent pris? où ſont les Duchez, Marquiſats, Baronnies, & Gouuernemens qu'il achepte en France; ou qui pourra monſtrer les Principautez acquiſes en Italie?

Peut-eſtre les a-t-il tirez de l'Eſpargne, pour les mettre à la banque? Quoy donc cent millions volez, plus ou moins, ſelon le calcul des fols, & la ſuppuration des enragez, ſe mettent-ils auſſi facilement au trafic de la banque, qu'ils ſont dans l'Eſpargne de l'Eſtat?

Mais quand bien ces tranſports ſeroient auſſi aiſez, qu'ils ſont impoſſibles; tous les papiers & actes ſont venus au pouuoir du Parlement, aprés auoir eſté arrachez par force des mains des Banquiers: Toutefois dans ces informations quoy que violentes on n'a trouué que l'innocence du Cardinal parfaitement auerée, & la calomnie de ſes ennemis entierement reconnuë.

Certes s'il euſt eſté dans vne ſi grande opulence, il n'euſt iamais eſté reduit dans vne ſi grande neceſſité : ſon indigence ne pouuoit eſtre feinte, puiſque ſes malheurs eſtoient ſi euidens : on faiſoit des coniurations contre ſa vie, des attentats à ſon honneur, & des entrepriſes ſur ſa fortune.

A la foule de tant de maux, il n'y auoit qu'vn ſeul remede, qui eſtoit d'oppoſer ces prodigieuſes richeſſes à ces épouuentables diſgraces : Mais elles n'auoient garde de ſe trouuer dans les coffres du Cardinal, ne s'étant iamais trouuées que dans l'imagination des fols.

Ie n'ay iamais ny leu, ny entendu de bonnes réponſes à des queſtions ſi raiſonnables; ie n'ay iamais oüy que des voix confuſes, qui ſcandaliſent les vertueux, & eſtourdiſſent les foibles, ne parlant que d'vn tranſport fait en Italie, de millions ſans nombre. Ses enuieux meſmes diſent que ſa perſonne n'y trouueroit point d'azile, & ſon argent y ſeroit en ſeureté ; des montagnes d'or n'auroient point de ſauuegarde en vn païs, où leur maiſtre n'auroit point de retraite : cét or qui ne paſlit, dit vn ancien, qu'à cauſe des grandes embuſches qu'on luy dreſſe par tout dans le

monde, qui font mefme en plus grand nombre, que celles qui ont efté faites au Cardinal Mazarin dans noftre France , diffici-
lement pourroit-il eftre caché, dans vn païs
où il eft fi fort aimé.

Cette pompeufe Bibliotheque , qui marquant l'extréme paffion, qu'il auoit toufiours
euë pour les lettres, ne marquoit pourtant
qu'vne opulence affez mediocre , qui eftoit
venuë dans fa maifon : encores faifoit-il
voir, qu'il n'eftoit deuenu mediocrement ri-
che , que pour eftre vtilement liberal; defti-
nant au profit du public, ce qu'il auoit bafty
pour la gloire des lettres ; & rendant à la
France par vne efpece de gratitude , vne partie de ce qu'il auoit receu de fon Roy , par vn
effet de iuftice : mais ce bienfait a efté défait, la Iuftice ne pouuoit faire le procés à fa
vie , l'enuie l'a fait à fa Bibliotheque ; & l'v-
ne & l'autre, tant fa Bibliotheque que fa vie,
eftoient pourtant voüées au feruice du public;
on n'en a voulu à toutes les deux , que parce
qu'elles profitoient à tous.

Lors que ie confiderois ces excez contre vne
Bibliotheque innocente, qui mefme nous fer-
uoit ; ie me fouuenois de la fureur des fou-

dres qui ruinent tout, mesme les temples où
on les sert. Que la posterité sçache pour la
gloire du Cardinal, qu'on n'a pû haïr ses vertus
sans maltraiter les lettres. Il faut aduoüer qu'il
y a du moins autant de bizarerie, que d'ani-
mosité dans la guerre qu'on luy declare : On
l'accuse d'auarice au mesme temps, qu'on condamne sa liberalité; se rangera-t il du costé des
coulpables? se mettra-t-il auec les gens de bien?
Quel des deux partis qu'il embrasse, il trou-
uera par tout sa partie, & ne sera iamais à l'a-
bry de la violence.

Ie ne pretends pas nier, que le Cardinal
n'ait receu de grandes richesses, car ce seroit
confesser que le Roy n'a pas eu de grandes
reconnoissances; dire que l'autre est pauure,
seroit reprocher à celuy-cy qu'il est ingrat.
Nostre ieune Monarque a reconnu iusques à
present par ses bien-faits les seruices de son
Ministre. Ces liberalitez à la verité ont fait
honneur à sa vertu, mais elles ont aussi mis
en danger sa personne; & donnant de l'éclat
à ses seruices, ont attaché l'enuie sur ses perfections. Seneque en auoit receu dauantage de
Neron, & n'en auoit pas tant merité que le
Cardinal ; ces richesses furent vn moyen à

l'Empereur de le reconnoiftre, & à fes enuieux vn fuiet de le perfecuter ; & Seneque
qui aimoit autant fa fatisfaction, qu'il crai-
gnoit l'enuie; voyant que tant de biens appelloient celle-cy, & empefchoient l'autre; demandoit inftamment que la mefme main qui les
luy auoit donnez, les luy oftaft; il fouhaittoit
d'en eftre deliuré pour fon repos ; & le Cardinal a trouué vne occafion de s'en décharger pour fon honneur.

Lors que le Roy manquoit de finances, &
non pas d'ennemis , que fes villes eftoient
débauchées & fes coffres vuides; le Cardinal
luy remet fes recompenfes au fort de fes befoins ; le Roy les auoit donnéesà la vertu du
Cardinal , & le Cardinal les employe à l'intereft du Roy; le Roy luy en auoit fait vn prefent , l'autre luy en fait vn facrifice.

Grand Cardinal, Abel veritable de noftre
fiecle, qui n'as attiré l'enuie meurtriere fur
ton innocence, qu'à caufe de ton facrifice, in-
comparablement plus genereux que le fien ;
car il ne donnoit à fon Dieu , qu'vne partie de ce qu'il auoit receu de fon Dieu ; & tu
rends à l'intereft de ton Roy fans diminution, & fans partage , tout ce que tu auois

receu de la bonté de ton Roy : pour a-
uoir autrefois receu de la main du Roy ces
iuftes liberalitez , il fe fit des enuieux ; &
pour auoir facrifié depuis ces mefmes liberalitez au befoin du Roy, il s'eft fait des ennemis.

C'eftoit au temps, auquel les fuiets non
feulement empefchez par la neceffité , mais
intimidez par la violence , bien loin d'affifter
le Roy de leurs moyens & de leurs perfonnes, n'ofoient pas mefme fauorifer fa caufe
de leurs vœux & de leurs prieres; La Rebellion fe faifoit autorifer par la Superftition , &
on faifoit naiftre le Scrupule pour faire mourir l'Obeiffance : Les autels eftoient deuenus
impies, & les temples irreligieux : lors qu'on
vit ce genereux Cardinal , ramenant auec foy
des bords du Rein & de la Meufe l'Obeiffance, & la Fidelité qui s'en eftoient fuyes des riua-
ges de la Charante, & des païs de la Garon-
ne.

Nonobftant les formidables & inouys
obftacles de la defection , qui trauerfoit l'v-
nion de fes forces aux troupes du Roy, &
celles de fa prudence à la neceffité de fes affaires; Il amena fes troupes , & rapporta fes
confeils,

conseils, à celuy qu'il n'auoit iamais quitté
d'esprit, & auquel il auoit tousiours laisse son
cœur. Luy peut-on reprocher à present la
dissipation des finances de l'Estat? l'impossi-
bilité y est trop formelle : luy pourra-t-on obiecter le mesusage qu'il a fait des liberalitez du
Roy ? l'employ en est trop visible : sa fidelité a dépensé en cette occasion, tout ce que sa
vigilance auoit autrefois merité par tant de
rencontres.

Auoüons que la fortune du Cardinal est
la plus haute gloire du Roy, que tout le monde loüe pour auoir fait choix d'vn serui-
teur, dont la moderation a paru dans le bon-
heur, & dont la reconnoissance se trouue toû-
iours au besoin ; & qui rend auec tant de courage, ce qu'il n'a iamais receu qu'auec beaucoup de retenuë.

La calomnie donc l'accuse d'auoir enleué
les finances, pour le rendre coupable du sang
de nos peuples ; le taxant aprés d'auoir em-
péché la paix, pour luy attribuer la desolation de nos Prouinces. I'ay fait voir que leur
accusation estoit si fort contre la verité, qu'elle estoit mesme sans vray-semblance ; & ie
me promets de monstrer que celle-cy, qui est

K

la plus malicieuſe de toutes, comme eſtant la couronne des autres , eſt tellement ſans raiſon, que l'apparence meſme n'y peut eſtre.

Attaquer la Paix eſt s'en prendre à Dieu; luy defendre l'entrée eſt arreſter ſa grace. Les faueurs de Dieu ne viennent qu'en ſa compagnie , & l'abondance de l'Eſtat ne porte point d'autre qualité, que celle de ſuiuante de la Paix. La Vertu meſme , qui eſt la Reyne de ce monde, tient à honneur d'eſtre dépendante de cette Paix, qui ne ſçauroit regner, ſi ſa bonne ſœur ne la peut autoriſer, car la Vertu n'eſt iamais reconnuë, ſi ce n'eſt dans les lieux où la Paix eſt admiſe ; il faut que celle-cy ſoit premierement abſoluë, auparauant que l'autre ſoit maiſtreſſe.

Si cette accuſation contre le Cardinal étoit auſſi raiſonnablement ſouſtenuë, qu'elle fut impudemment controuuée, il ſeroit auec iuſtice la victime de toutes les coleres de la terre, & l'obiet de tous les carreaux du Ciel. Ses ennemis n'ayant pû luy oſter la faueur du Roy , aſſurans qu'il a détruit ſon Eſtat; s'imaginent qu'ils luy oſteront la grace de Dieu, diſans qu'il a banny la Paix. Ils ont cru que le Roy eſtoit capable de foibleſſe, & Dieu de ſurpriſe. Vne forte paſſion ne croit rien d'impoſſible, & pretend impoſer à Dieu auec la meſme facilité, qu'elle trompe les hommes. Le Cardinal ne diſpoſe pas de la paix, comme ils penſent diſpoſer de ſa reputation ; Dieu qui l'a rappellée depuis ſi long-temps au Ciel, eſt le ſeul qui la puiſſe ramener en terre ; s'il veut l'accorder à nos vœux, le Cardinal ne pourroit s'oppoſer à ſon retour. Mais ces diſcours ſont trop religieux, pour ſatisfaire à des eſprits paſſionnez ; iamais la calomnie ne ſe paya de religion, non plus que de raiſon ; taſchons pourtant de luy faire comprendre celle-cy, aprés le refus qu'elle a fait d'entendre l'autre.

La paix a eſté reſoluë à noſtre auantage, dit-on ; le Cardinal l'a refuſée à noſtre grand malheur ; il y a fait naiſtre tant d'obſtacles, qu'il en a fait rompre les articles ; ſa malice défaiſoit à la Cour, tout ce que la prudence des Plenipotentiaires faiſoit à Munſter.

Premierement cette accuſation ne peut eſtre ſouſtenuë, aprés que le Cardinal l'a ſi ſolemnellement démentie : il eſt d'autant plus receuable à la nier, que les autres ſont incapables de la prouuer.

Ce n'eſt pas à moy d'appuyer la iuſtice de ce démentir par la force de mes raiſons; des grandes affaires, n'en ſçachant pas le ſecret, ie ne ſuis pas tenu d'en donner l'éclairciſſement. Dans ce diſcours, ie ne pretends iuſtifier que les choſes qui ſont indifferemment connuës à tous, & non pas rendre conte de celles, qui pour leur importance n'ont iamais eſté communiquées qu'à peu de perſonnes.

Si le témoignage du Cardinal n'eſt pas receuable, celuy d'vn Prince chef de l'Ambaſſade ne pourra pas eſtre ſuſpect. A grand peine le Duc de Longueuille eſtoit ſorty de priſon, que les ennemis du Cardinal voulurent l'engager dans leur paſſion; ils le preſſerent de declarer de viue voix, & meſme de donner par écrit, qu'il n'auoit tenu qu'au Cardinal de faire la paix. La réponſe de ce Prince fut, qu'il ne pouuoit faire cette declaration, ſans faire vne fauſſeté; & qu'imputer à ce Miniſtre la rupture d'vn traitté qui ſe faiſoit, ſeroit luy attribuer vn crime que les ſeuls Eſpagnols ont fait.

Quoy que ſa detention paſſée luy conſeillaſt alors d'eſtre ſon ennemi, ſa conſcience

luy defendit d'eſtre ſon accuſateur; s'il auoit
ſuiet de le haïr, il ne creut pourtant pas eſtre
en droict de l'accuſer.

Adiouſtons au témoignage d'vn ennemi
qui le décharge, celuy d'vn indifferent qui le
iuſtifie : le Plenipotentiaire Contarini n'aſ-
ſeura-t-il pas dans Veniſe ce que le Duc de
Longueuille nous auoit proteſté à Paris; que
la paix auoit eſté recherchée de la France, &
reiettée par l'Eſpagne. Il ne ſe contenta pas
de mettre cette verité dans les archiues, lors
qu'il en rendit conte à la Republique; mais il
la mit dans ſes actes & ſes papiers, lors qu'il rendit ſon ame à Dieu.

Eſt-il poſſible que ſous tant de ſaüuegar-
des, le Cardinal ne puiſſe pas encore mettre
ſa reputation en ſeureté?

Il ne faut dit le ſainct Eſprit, que trois
témoignages tout au plus, pour appuyer la
verité; & en voicy trois authentiques, qui
prouuent ſon innocence.

Vn Prince non ſuſpect & bien informé le
décharge en la preſence de ſes ennemis ; vn
Plenipotentiaire inconnu le iuſtifie deuant
les Eſtrangers; & la voix & l'eſcrit d'vn Chre-
ſtien mourant, lors qu'il ne peut ny n'oſe

mentir, le louë à toute la posterité.

Ie sçay de bonne part que le Cardinal ne peut pas encore diuulguer le secret de cette paix, qui seroit la plus haute apologie de son innocence : l'interest de la France, & celuy de nos alliez l'oblige pour quelque temps de se taire; & ne luy permet pas de se defendre : il est contraint, aussi bien que resolu de souffrir la calomnie, iusques au temps qu'il puisse publier la verité.

Mais ie veux que le Cardinal ait refusé la paix, & en ait empesché le traicté; quoy qu'il n'en tombe pas d'accord auec moy, qu'il souffre que i'en tombe d'accord auec ses ennemis. Ie croirois que ce refus de la paix seroit plûtost vn acte de prudence, qu'vn suiet de calomnie; & qui meriteroit plustost nos loüanges que nos censures.

Peut-estre que nous en serions au repentir, comme les Hollandois en sont au desespoir; cette paix qu'ils ont faite auec l'Espagne, est la mere de tous les desordres qui les ruinent; & a enfanté vne autre guerre qui les occupe.

La guerre, dis-ie, qu'ils ont discontinuée, les auoit rendu libres; & la paix qu'ils ont concluë les rend malheureux; ils sont aprés à remettre leurs anciens traictez auec la France, maudiffant leurs nouuelles intelligences auec l'Efpagne.

L'Efpagnol offre toufiours le bien qu'il ne veut pas donner, & cache le mal qu'il veut faire ; il vfe du mefme artifice pour perdre fes ennemis, dont on fe fert pour chaftier les chiens, d'vne main on leur prefente le pain pour les attirer, & on cache de l'autre le bâton qui les doit fraper.

Ce fut en cette pofture que Dom Gabriel de Tolede nous rendit fes funeftes vifites ; il offroit la paix, & femoit la diuifion; il promettoit de nous reconcilier à fon maiftre, pour nous defunir du noftre; il nous pacifioit en apparence, & nous débauchoit en effet; il nous tendoit la main, & nous coupoit la gorge. La deputation d'vn Religieux auoit precedé l'Ambaffade de ce Courtifan; Car l'Efpagnol prend toufiours des habits differents, & ne veut pourtant iamais ioüer qu'vn perfonnage.

Les Frondeurs aueuglez par leur paffion, ou enforcelez par ce frere, prenoient vn capuchon pour vn caducée. Il faut aduoüer que le Roy d'Efpagne les attrapa plaifamment, car, pour dire ainfi, au lieu de leur donner la paix, il leur donna le moine : Fuenfeldaigne en penfa pafmer de rire , mais fa raillerie découurit fa trahifon ; peut-eftre qu'ayant horreur de fa malice, il eut compaffion de noftre facilité : il dit fi haut, qu'on l'a bien entendu, qu'ils n'euffent voulu la paix de Munfter, que pour nous amufer, & non pour la tenir ; & que fi on l'euft faite fi fort à noftre aduantage, ce n'euft efté que pour mieux la rompre vn iour à nos dépens.

On obiecte que les Efpagnols y confentoient auec ioye ; & c'eft pour ce fuiet, qu'il falloit s'en défier auec iuftice ; mais ils y donnoient les mains , c'eft pour cela qu'il en falloit éloigner nos efprits.

Rome quoy qu'affoiblie de la perte de tout fon fang , non pas tant par vn excés de courage que par vn effect de prudence, voulut auec ardeur la guerre : parce, difoit-elle, qu'Annibal veut inftamment la paix. Son raifonnement politique fut , qu'vne paix qui eftoit le defir d'Annibal, deuoit eftre le defaduantage de Rome.

Annibal pacem peto.
Liuius Dec. 3. lib. 2.

Sans doute les Efpagnols ne fouhaitoient pas tant la paix , qu'ils attendoient vn temps plus propre pour recommencer la guerre : ils
s'abfte-

s'abſtenoient du ieu pour attendre la chance; Ils ne quittoient la partie, que pour ne la pas perdre ſur l'heure, & la renouër aprés.

L'Eſpagnol ne ſe fut reconcilié auec la France , que iuſqu'au temps qu'il ſe fut re-concilié auec la fortune. Il en eſt de ceux qui ſont malheureux en guerre , comme de ceux qui le ſont en procés ; les vns & les autres ſe voyans rigoureuſement preſſez par leurs par-ties , de crainte de perdre le tout dans vne lon-gue guerre, conſentent à la perte d'vne moi-tié par vn traitté frauduleux , où ils donnent ouuertement des paroles de paix , & y inſe-rent auec addreſſe des ſemences de guerre ; Ils ne ſignent pas ſi bien leur accord , qu'ils ne ſe reſeruent vn droit de retourner à leurs dif-ferents.

Tous les traittez entre François I. & Char-les Quint , qui furent en ſi grand nombre, n'eſtoient à proprement parler que des délais , & non pas des Arreſts; quoy qu'ils promiſſent, ils differoient la guerre ſans arreſter la paix ; ils vouloient reſpirer vn peu de leurs pertes, & non pas conſentir entierement à leurs dom-mages.

On ne manque iamais de pretexte pour

rompre , quand on a moyen de reüſſir : la guerre ciuile que fait maintenant la France , & qui a eſté le plus grand vœu qu'ait iamais fait l'Eſpagne , l'euſt bien toſt obligé de ſe dédire de la paix , & rentrer en la guerre ; elle euſt violé ſon ſerment , ayant trouué ſon occaſion ; elle euſt mieux ſecouru nos factieux aprés s'eſtre rafraiſchie par quelques années de paix , qu'elle ne fait à preſent , ſi fort accablée du fardeau d'vne meſme guerre.

Elle ne demandoit la paix, que pour auoir le loiſir de débaucher nos alliez , & entretenir nos factieux , & nous preparer la guerre , quand nous n'aurions plus nos intelligences au dehors, & n'aurions que des deſordres au dedans. Il valoit donc mieux viſtement aneantir leurs forces, pour étouffer leurs deſſeins, & continuer vne guerre, qui nous aſſeuroit d'vne entiere victoire,qu'accepter vne paix qui couuoit tous nos malheurs.

La paix pour ſe faire receuoir de Scipion, luy apportoit vne infinité de Prouinces ; mais ce genereux Politique luy ferma la porte ,iuſques au temps qu'elle reuint auec les ruines de Carthage. Vne guerre ne peut pas eſtre à ſa fin, tandis qu'elle a ſa ſource.

Il semble qu'il ne faut iamais faire sa paix
qu'aprés auoir consulté sa fortune ; il faut
entrer meurement en deliberation auec celle-
cy, auparauant qu'entrer en traitté pour l'autre:
faisant le traitté de Munster, il falloit premierement se conseiller auec la fortune de la
France, elle n'eust iamais manqué de nous dire:
Si ie vous donne des victoires , ie puis bien
vous donner des auis ; & si i'entre si fort dans
vostre interest, vous pouuez bien m'admettre
dans vostre conseil : pourquoy pensez-vous
à la paix , vous ay-ie si mal seruy dans la guerre ? vos ennemis sont demy défaits, que n'a-
cheuez vous leur défaite? Ils sont hors d'ha-
leine , mettez les hors de combat ; ce n'est pas
assez qu'ils ne soyent plus en estat de vaincre,
il faut les reduire dans l'impuissance de res-
pirer ; Ne poursuiure pas vne victoire, c'est
la perdre ; & manquer vne occasion contre vostre ennemy , c'est la donner à vostre
ennemy contre vous ; vne occasion per-
duë, dis-ie , oste le fruit de cent victoires, qui
fait profession de se retirer, lors qu'on cesse
d'en vser ; vous mettant bien auec l'Espagne,
vous vous mettez mal auec vostre fortune ;
apprehendez son inconstance pour l'aduenir,

& feruez vous de fa belle humeur pour le prefent ; Ie ne vous refponds pas que l'Efpagne
ne vous trompe dans cette paix , & ie vous
ay def-ia donné trop de preuues de mon amitié, pour ne vous la point continuer en cette guerre. Craignez la mauuaife foy d'vn ancien ennemy ; & fans vous défier de ma lege-
reté , ne reiettez pas les careffes d'vne fi puif-
fante amie.

Ie fçay bien qu'à ces fpecieufes promeffes,
que nous faifoit la fortune pour nous décon-
feiller la paix , on oppofera le délaiffement
qu'elle a fait de nos affaires, aprés nous auoir
engagé dans la guerre.

Ce n'eft pas la fortune qui nous a laiffez,
c'eft pluftoft la fidelité qui nous a manqué :
nos villes venduës , & nos Prouinces rauagées
ne font pas des délaiffemens de la fortune, ce
font des ouurages de la trahifon : ce n'eft pas
la fortune, qui a vendu la France ; c'eft la France, qui s'eft elle mefme venduë à l'Efpagne.

Lafches ennemis, nous vous auons enfin
releuez, aprés vous auoir fi long-temps battus ;
nous vous auions donné la mort , & nous
vous rendons la vie , vous ne la tenez que
de nos defordres ; & vous ne ceffez maintenant

d'eſtre miſerables, que parce que nous nous ſommes ennuyez d'eſtre ſi long-temps heureux. Ces auantages vous ſont pourtant honteux, que vous ne deuez point à la grandeur de vos courages, mais à l'inquietude de nos eſprits : certes il vous eſtoit plus honorable, d'auoir tant de fois eſté portez par terre par noſtre valeur, que de vous eſtre releuez tant ſoit peu à la faueur de nos caprices; voſtre profit, eſt voſtre honte ; rougiſſez à iamais de voſtre victoire, comme les François de leur deſordre ; & ne vous glorifiez pas d'vn effect ſi auantageux, qui a vne cauſe ſi infame.

L'Enuie qui n'eſt pas aſſez effrontée, pour attribuer tous ces maux au Cardinal, & qui n'a pas aſſez de hardieſſe pour en décharger ſes ennemis, dit qu'à la verité il ne les a pû faire ; mais qu'il les a pû éuiter.

Si l'on entend les guerres eſtrangeres, ie viens d'y ſatisfaire par ma reſponſe. Si l'on parle des ciuiles, le Cardinal y auoit ſuffiſamment pourueu par ſes ordres : a-t-il rien obmis encores, ou pour en étouffer le principe, ou pour en empeſcher le progrez, ou pour en trouuer la fin. Le Grands ont demandé

L iij

les premiers employs dans les armées, & dans l’Eſtat; on leur accorde : les autres ont voulu la diminution des ſubſides, & le ſoulagement des peuples ; on y a conſenty : Le miniſtere de quelques vns auoit dépleu ; on l’a fait auſſi-toſt ceſſer : la detention de quelques perſonnes d’Eſtat cauſoit du trouble ; on a ſigné leur élargiſſement : l’adminiſtration des Intendans de Iuſtice dans les Prouinces eſtoit odieuſe ; on en a fait la ſuppreſſion.

Aprés auoir rendu toutes les deferences imaginables pour gagner l’opiniaſtreté, on en eſt venu par force, iuſqu’à des rigueurs faſcheuſes, mais neceſſaires pour empeſcher la felonie ; on les a commencées, pour auoir la paix ; on les a quittées, pour éuiter la guerre.

Tous les remedes que peut appliquer la plus haute prudence aux maladies d’vn Eſtat, ont eſté tous mis en vſage par celle du Cardinal, pour obliger les factieux, & ſupprimer la faction.

Vous me répondrez, que bien que la raiſon ſemble iuſtifier ce que i’aſſeure, toutesfois l’euenement vous enſeigne tout le contraire de ce que ie vous dis ; & ie vous repli-

que auec vn ancien, que l'euenement eſt le *Stultorum magiſter euentus.*
maiſtre des fols ; que des cas fortuits ne *Liuius.*
ſont pas de valables inſtructions ; & que les
ſages ne prenent leçon que de la raiſon, qui
eſt immuable, & iamais de l'euenement, qui eſt
touſiours incertain.

A moins que le Cardinal fuſt auſſi parfait
deuin, qu'il eſt excellent politique, pouuoit-
il deuiner que les François iroient chercher
les Eſpagnols à Bruxelles, pour faire le dégaſt
deuant Paris; qu'ils iroient mandier à la porte de leurs ennemis leur propre deſolation,
comme vne faueur fort ſignalée?

Ce ſont des accidens, dont les hiſtoires
n'ont iamais parlé, que les hommes n'ont iamais veus, & que le Cardinal n'a point predits;
Dieu ne l'a pas gratifié du don de prophetie,
mais de l'eſprit de preuoyance.

On preuoit les choſes qu'on croit faiſables,
mais non pas celles qu'on tient impoſſibles:
qui n'euſt creu que le Soleil eſtoit plûtoſt
capable de rebrouſſer contre ſon Orient, les
riuieres de retourner contre leurs ſources;
que les François d'aller ſi fort contre leur raiſon & contre leur conſcience?

Conſiderez noſtre Monarchie, & iettez

les yeux fur toute fa durée : elle n'a iamais
efté fous la Regence, qu'elle n'ait efté bien
auant dans le trouble. Sous la minorité de nos
premiers & derniers Roys, de combien de
guerres ciuiles ne fut-elle pas trauerfée ? durant les pitoyables recheutes de Charles VI.
de combien d'animofitez, & mefme de car-
nage, ne fut-elle pas enfanglantée ? Et durant les emprifonnemens de Iean chez les
eftrangers, nonobftant la fageffe d'vn fils fi
accompli, ne fut-elle pas parmi les defordres
& les factions comme prefque fubmergée?

Si le deftin n'auoit pas prononcé cét Arreft irreuocable contre les Regences, qui les
condamne generalement toutes fans exce-
ption, à la neceffité de la diuifion, & les af-
fuiettit à la cruauté des troubles ; certes nous
euffions pû efperer que la Regence d'Anne
d'Auftriche feroit priuilegiée, & mife auffi
bien hors du pair, que hors du malheur des
autres, par la prudence de ce Cardinal incomparable. Mais le deftin a efté ialoux de
fa grandeur, & s'eft rendu riual de fa gloire.
S'il n'euft pas eu cét aduerfaire en tefte, il euft
mis le monde fous fes pieds. Les victoires contre cét ennemy font impoffibles, comme cel-

le

les qu'il a emportées fur les autres, ne luy ont
pas efté malaifées.

A Cazal il a triomphé de la politique &
de la fubtilité des Efpagnols ; à Rome de l'addreffe & des intrigues des Italiens ; à la Cour
des pieges , & des rufes des enuieux ; en Picardie , & en Champagne de toutes les forces des ennemis ; à Paris des factions & mu-
tineries des boutefeux ; à Rethel de la valeur
& conduite des plus grands Capitaines ; à
Bourdeaux de la refolution des peuples, & des
menées des eftrangers ; & tant de fois par
tout ailleurs de la mauuaife fortune. Mais
dans la Regence il luy a fallu ceder à la feule neceffité du deftin qui fait les troubles , &
aux ordres du Ciel qui permet la difcorde.

Nous luy auons toufiours cette obligation
dans cét ineuitable rencontre de tant de maux,
que s'il n'a pas eu le pouuoir de les détourner,
il a eu du moins affez d'addreffe pour les re-
tarder ; nous deuions eftre malheureux par
noftre deftin , & nous ne l'auons pas efté fi
toft par fon addreffe ; il a prolongé le plus
qu'il a pû, le temps de nos profperitez ; & a
tenu bon iufques à l'extremité contre celuy
de nos larmes.

M

Toutefois nous voyons bien que la mauuaiſe humeur du deſtin contre nous eſt enfin paſſée : Le retour du Cardinal nous eſt vn gage de ſa reconciliation ; à meſure que ce grand Homme nous approche, noſtre malheur s'éloigne : comme noſtre proſperité n'a eſté trauerſée , que lors que ſa conduite a eſté contredite ; ſans doute que noſtre Eſtat reprendra ſa premiere vigueur , puiſque ſa fortune reprend ſa premiere place.

Ce n'eſt pas mon deſſein de ſurprendre le peuple , ie ne veux que luy repreſenter ſon bien ; le coniurant de comparer les actions du Cardinal auec celles de ſes ennemis ; tant de l'vn , que des autres , il en peut reconnoiſtre la difference, aprés en auoir fait l'eſſay ; que le ſeul motif de ſon intereſt ſoit l'vnique regle de ſon iugement, qu'il iuge de leurs déportemens par l'eſtat de ſa fortune ; les vns l'ont renduë tres-mauuaiſe , le Cardinal l'auoit laiſſée tres-bonne.

Les recits que font les peuples de leurs miſeres , & l'adueu qu'ils font de leurs manquemens, ſont les deux irreprochables témoignages de ſa ſincerité ; auſſi bien loin d'aller à preſent deuant les tribunaux ſoliciter ſa condamnation, on ne les verra plus que dans les temples remercier Dieu de fon retour.

Au lieu que la fureur de quelques-vns ne luy deftinoit qu'vne fellette, pour eftre iugé ; la faueur publique ne luy prefentera deformais, que nos plus pompeux tribunaux pour y prefider : la France fe l'approprie, & ne veut point que l'Italie le luy contefte ; elle luy donne rang parmy fes plus illuftres enfans, & fait le procés à l'enuie, pour l'auoir mis parmy fes plus infames criminels?

S'il n'eftoit François par fon inclination, comme il eft Romain par fa naiffance, à l'obiet de ces admirables qualitez qu'il poffede, nous tiendrions le mefme langage à ce grand Cardinal, que tint vn Prince de Perfe à vn Roy de Grece, *eftant fi accompli comme vous eftes, pluft à Dieu que vous fuffiez noftre.*

Par vn changement qui vient du Ciel, & qui fe voit en terre, fes plus irreconciliables ennemis font deuenus fes plus grands admirateurs ; & confeffans l'auoir haï fans caufe, ils commencent à l'aimer auec iuftice : ceux qui s'opiniaftrent à le haïr, ne fçauroient non plus que les autres fe defendre de l'admirer, & font à fon égard, ce que les demons fe-

ront toufiours à l'égard de Dieu ; ils le blaf-
phement, mais ils l'adorent ; ils ne peuuent s'empécher de le maudire, mais ils font
obligez de le reuerer ; & adiouftans le refpe&
à l'impieté, pour auoir tant de rage contre fon
nom, ils n'ont pas moins d'eftime pour fon
efprit.

Le Cardinal fait ces mefmes & amoureux
reproches à fes perfecuteurs que Dieu vient
de changer, que fit autrefois ce debonnaire
Patriarche à fes enuieux, aprés que le mefme
Dieu les eut touchez, ne paroiffant plus en la
qualité d'vn innocent perfecuté, mais en celle d'vn frere reconnu, *Voicy donc enfin parmy
vous celuy que vous auiez liuré.*

Il eft, dis-ie, ce veritable Iofeph, qui comme l'autre ioint, auec tant d'éclat la qualité
d'eftranger à celle de premier Miniftre ; ayant
vn mefme merite, ne doit-il pas auoir vne
mefme autorité ? & aprés auoir couru comme
luy de fi grands dangers, ne doit-il pas comme luy poffeder auec autant d'approbation
d'auffi grands honneurs ?

Il fera comme l'autre fucceder à ces mife-
rables années, que nos pechez ont amenées,
celles qui feront entierement heureufes, &

que sa sage conduite nous promet.

Comme fit autrefois ce fils de Iacob, il fait voir à present qu'il a de l'autorité, & n'a point de passion; & qu'ayant le pouuoir en main il n'a point la vengeance sur le cœur: il ne fait vsage de son credit, que pour donner des marques de sa generosité; il n'implore son Roy, que pour restablir ses ennemis; & sans se souuenir des iniures qu'il en a receuës, il ne s'applique qu'à les retirer des peines où ils sont.

Ils admirent auec combien d'empressement il entre dans leurs interests, & auec quel dégagement il sort des siens.

Non non, il ne s'est iamais veu de conduite si reglée, de vertu plus reconnuë, ny d'innocence mieux iustifiée.

La iustice en fait tout son appuy, aprés auoir défait l'iniustice, qui le vouloit rendre sa victime; & tous nos peuples qui malheureusement seduits le prenoient pour leur ennemy, commencent de le reconnoistre pour leur veritable conducteur; la parfaite obeissance qu'ils rendront à l'aduenir, est le meilleur desaueu de tout ce qu'ils ont fait par le passé.

Le Cardinal ne demande pour sa satisfa-

 ction que leur reſtabliſſement. Il croit que
l'infamie qu'on luy a voulu procurer, eſt aſſez abolie, ſi le mal qu'on leur a fait eſt entierement effacé ; comme il ne paroiſt point affoi-
bly de ſes fatigues, tant il a l'eſprit inuincible;
auſſi n'eſt-il pas touché de ces iniures, tant
il a l'ame debonnaire.

Il n'a rien à contrecœur, que les nouueaux
auantages de l'Eſpagne, & les nouuelles pertes de la France ; & il ne ſe contente pas que
ſon innocence l'en décharge, mais il ne veut
iamais s'en conſoler, ſi ſon courage ne les re-
pare : il ſe promet de remettre les affaires dans
leur premier train, nous remettant tous en nos
premieres couſtumes ; celle des Eſpagnols
eſtoit d'eſtre vaincus, & celle des François de
vaincre.

C'eſt ainſi qu'il ſe iuſtifie de tous les chefs
dont on l'accuſe, perſeuerant dans la pratique des meſmes choſes qu'il a faites. La continuation de ſes ſeruices eſt la meilleure apologie de ſes actions ; & ce diſcours n'eſt pas
tant la defenſe de ſa conduite, qu'vn reproche fait à l'iniuſtice de noſtre ſiecle ; qui n'a
chocqué l'innocence, que pour témoigner ſon
ingratitude; & s'efforçant de faire paſſer tant

de bien-faits pour de grands crimes, a mis la vertu dans la neceſſité de ſe defendre dans les meſmes lieux, où elle eſtoit le plus en droiƈt de ſe faire reconnoiſtre.

F I N.